KB234933

"
새옹지마 인생과 훌륭한 스승이신
세상의 모든 이들에게 고마움과 함께
이 책을 바칩니다."

행복해 You

해피투게더 7가지 습관

임수연 지음

Magic House
Open Your Thinking

초판 1쇄 인쇄 2012년 1월 10일
초판 1쇄 발행 2012년 1월 15일

지 은 이   임수연
편   집   하희숙
일러스트   해피 박
디 자 인   김자영
펴 낸 이   백승대
펴 낸 곳   매직하우스

출판등록   2007년 9월 27일 제313-2007-000193
주   소   서울시 마포구 서교동 393-5 화승리버스텔 1005호
전   화   02) 323-8921
팩   스   02) 323-8920
이 메 일   magicsina@naver.com
I S B N   978-89-93342-26-0 03300

책값은 표지 뒤쪽에 있습니다.
파본은 본사와 구입하신 서점에서 교환해드립니다.

행복해 You

임수연 지음

행복은 진실한 사랑 가운데 얻어지는 영적인 것이다.
자신만을 위한 것이 아니기 때문에 혼자서는 얻을 수 없고 모든 사람과 나눌 때에만
가질 수 있는 것이 행복이다. ─ M. B. 에디 프롤

오늘도 지하철에서 만나는 고마운 글들이 저를 깨웁니다. 또 하나의 의미심장한 글이 큰 선물을 해줍니다. 그리고 생각의 가지를 덧붙일수록 고마움이 깊어갑니다.

미국의 경제학자 짐 콜린스는 그의 저서 『좋은 기업을 넘어 위대한 기업으로』에서 '위대한 발전을 이룬 11개 기업'을 소개하였습니다. 그리고

〈창문과 거울〉의 비유를 통해 각 기업 CEO들의 공통점을 언급했습니다. 짐 콜린스의 글 중 일부를 그대로 옮겨봅니다.

위대한 지도자는 회사가 잘 될 때에는 창문을 보는 것처럼 회사를 위해 일하는 직원들을 보면서 그들에게 공을 돌린다. 반대로 회사가 어려울 때에는 거울을 보는 것처럼

자신을 돌아보면서 자신에게서 그 원인을 찾으려 한다.

바로 '네 덕 내 탓'과 통하는 서양의 이야기입니다. 가정, 일터, 학교에서 그리고 사회를 구성하는 크고 작은 모든 곳, 물론 정계에서도 이 〈창문과 거울〉이 적용될 수 있음을 알 수 있습니다.

이 이야기에서 빛의 중요성을 생각하게 됩니다. 창문 밖의 사람들과 세상을 보기 위해서 반드시 빛이 필요합니다. 거울 또한 고마운 빛 덕분에 우리 스스로를 볼 수 있지요. 그렇다면 매일 접하게 되는 인간관계에서 그 빛에 해당되는 것은 무엇일까요? 바로 '사랑'입니다.

내 탓으로 인생을 바라볼 때 조심해야 할 게 있습니다. 자칫 자기학대가 될 수 있기 때문이지요. 우리를 들여다 볼 때 사랑의 대화가 필요한 것이지 비난의 대화는 우리 자신과 타인을 더 힘들게 할 뿐입니다. 마치 사랑 없이 타인의 덕이라 생각하기 힘들 듯.

저에게도 독불장군처럼 사회성이 부족하고 자신과 타인을 편치 않게 하던 시절이 있었습니다. 그때는 제 자신을 제대로 파악도 못했습니다. 인정하고 싶지 않았기에. 거울 앞에서 자기 학대를 하거나 타인과 세상을 향해 거울을 돌렸으니까요. 비난의 달인으로서!

직장에서 인생의 전환점을 맞이한 후 불평불만뿐이었던 제게 변화가 오기 시작했습니다. 일단 거울 앞에서 비난을 걷어내고 사랑으로 저를 보기 시작했습니다. 사람들을 향해 돌렸던 거울도 점차 저를 향하게 했습니다. 더럽혀졌던 창을 서서히 닦으며 세상과 사람들을 있는 그대로 들여다보기 시작했습니다. 그리고 수많은 시행착오 속에 점차 사랑을 품는 연습까지도.

그러더니 신비한 변화가 찾아오기 시작합니다. 그 많은 사람들을 왕따시켰던 천상천하유아독존이던 제게 사람들이 사랑을 줍니다. 그것도 미안할 정도로 벅차게. 가족 안에서 그리고 강의실에서 학생들과의 관계도 달라져갔습니다. 수많은 사람들에게 마음의 상처를 입히면서도 그것을 깨닫지 못했던 제가 사람들의 사랑으로 더 행복해지면서.

여러분 힘드세요? 그 힘들다는 것은 인생의 전환점을 맞이할 수 있음을 말합니다. 이미 널리 알려진 말이지만 '위기危機'란 위험危險을 '기회機會'로 바꿀 수 있는 바로 그 순간입니다. 바로 여러분께 축하하고 응원할 대목인 것입니다. 제 '인간관계'와 '영어'에서 어떻게 변화를 맞이하게 되었는지 들여다보실래요? 그 두 주제의 출발점은 바로 '위기'였습니다. 그 고마운 위기의 순간에서 시작되어 연습해왔던 습관들 중 7가지를 행복 잠재력 가득한 여러분과 나누고자 합니다.

힘든 상황에서도 행복은 존재할 수 있습니다. 우리 모두는 잠재력

 다른 힘든 이들에게 여러분의 행복을 나누면서. 그저 오랫동안 쉬었던 그 행복 잠재력을 깨워 맘껏 바깥 구경하게 하세요.

텔레비전 프로그램 중 사람들이 즐겨보는 〈해피 투게더〉가 있습니다. 제가 어릴 적 어느 아이스크림 CM 송에 이런 가사도 있습니다.

"엄마 아빠도 함께 투게더, 온 가족이 함께 투게더"

홀로 행복보다 '함께' 누리는 행복이 힘든 시기에 우리를 더 힘내게 할 것입니다. 그게 바로 '네 덕 내 탓'을 연상시키는 '창문과 거울'이 우리에게 선물하는 '행복나눔'의 메시지가 아닐까 생각해보며.

Happy Together 함께 행복해 you!

목 차

복지관의 원더우먼

이 선생님 구석구석 여기 저기 치우면서도

시종일관 미소를 잃지 않고 최선을 다 하는 모습

직업이 중요한 게 아닙니다

주어진 일에 열심히 묵묵히 오래 오래 한자리에

이런 분들이 계셔 세상이 더 살만 합니다.

내 직업에 긍지를

아자 아자 가자!

행복양의 여정

행복을 자신에게서 찾지 못한다면 어디에서도 찾을 수 없다. - A. 레플라이어

화순이, 깡패, 싸움닭 등 좋지 않은 별명은 다 가지고 있던 악명 높던 제 자신을 바꾼 작업을 제 인생에서 가장 잘한 일이라 감히 말하고 싶습니다. 그로인해 저뿐만 아닌 타인과의 관계에서 크나큰 영향을 끼치고 인생의 진정한 행복이 무엇인지를 깨닫게 해주었기 때문입니다. 그 행복은 굳이 사랑하는 영어가 아니더라도 찾을 수 있음을 마음밭을 닦음으로써 알았기에 저에게 너무도 소중하고 감사한 일이라 할 수 있습니다.

대학교 4학년 12월, 대학로 연극 극단에서 잠시 활동하다 그만둔 후 다시 대학로로 돌아가 한 연극 작품에서 기획 보조를 맡아 보게 되었습니다. 어느 날 기획실장님께서 저를 조용히 불러놓고 하시는 말씀이

"나는 네가 참 무섭다."

한참 선배이며 선생님이라고 호칭을 해야 하는 연륜 있는 배우들에게도 연습시간에 늦었다는 이유로 얼굴을 붉히며 정색하고 대하는 저를 두고 한 말이었습니다. 그야말로 눈에 뵈는 게 없어 웃어른에게도 제가 할 일을

하기 위해서는 무서운 줄 모르고 제 멋대로 행동하는, 무례하기 짝이 없던 시절의 저였습니다.

그 일이 있은 후 광고모델 에이전시에서 일할 당시 사장님께서 저를 한 마디로 표현하셨습니다. "너는 유아독존!" 그러시며 제게 하시는 말씀이 "너는 상대도 불편하게 하고 네 자신도 불편하게 하는 애다. 왜 그리 힘들게 세상을 사냐?" 물론 그때 당시 그런 말들이 저를 변화시키지 못했습니다. 그렇게 제대로 저를 지적해주는 사람을 만나지 못했던 지라 당시엔 기분 나빠하며 해오던 대로 제 모습을 이어갔습니다. 훗날 그 두 분의 지적이 옳았고 감사했음을 깨닫게 되었습니다.

그 광고 모델 에이전시에서 모델 캐스팅하는 일을 해오다 사장님께서 새로 시작한 사업으로 인해 6개월간 연예인 매니저로도 활동을 한 적이 있습니다. 바로 그 때 제 인생을 바꾸는 계기가 찾아왔던 것입니다. 어느 누구에게도 기죽지 않고, 속된 말로 싸가지 없던 제가 상대해야 했던 탤런트로 인해 저를 돌아보는 일이 만들어졌습니다.

매니저로서 어쩔 수 없이 해야 했던 임무가 그녀의 '이미지 메이킹'이었습니다. 그때 그 탤런트의 이미지는 우리가 원하는 그리고 그녀 또한 원하는 바가 아니었기에 새로운 이미지를 만드는 과정에서 상당한 변화가 필요한 상황이었습니다. 천하의 독불장군이 또 다른 독불장군까지는 아니었지만 저랑 비슷한 성격이었던 그녀를 바꾸어야만 했던 것입니다. 이미지와 다이어트 관련해 변화를 꾀하는 과정에서 원래 제가 하던 대로 무지막지하게 그녀를 대했습니다. 처음에는 잘 협조해줬던 그녀가 차츰 거칠게 몰아가는 저를 거부하게 되었고 힘들다며 울기도 하고 마침내 불만을 토로하기에 이르렀습니다. 사람들을 다루는데 있어 위압적으로만 누르려 했던 방식이 오히려 저를 힘들게 하며 저 스스로의 한계를 인식하게 만들어준 크나큰 사건이 되었던 것입니다.

이 일은 저를 돌아보는 계기가 되었으며 스물여덟 살이 되던 1997년 10월 무작정 홀로 떠났던 여행은 저를 바꾸는 전환점이 되었습니다. 처음으로 사랑을 갖고 대화를 시작했으며 제 자신이 누구인가를 적나라하게 파헤쳐보았습니다. 그리고 저의 문제점을 스스로 인식하게 되었던 것입니다. 그 전까지 다그치고 비난하는 대화에 익숙했던 저였습니다. 스물여덟 살까지 저만 잘났다 생각하고 제 멋대로 살아오다 어느 순간 벽에 부딪치며 '나는 누구인가?' 를 스스로에게 진지하게 묻고 참모습을 찾아가던 여정은 그렇게 시작되었습니다.

누구나 일기를 써 보았을 것입니다. 중고등학교 때, 그리고 방황하던 20대 시절의 일기장이 아직도 곁에 있습니다. 그때 당시 매일 쓰지는 못했지만 나름대로 인내를 가지고 써 왔던 것입니다. 캐나다로 영어연수를 가기로 결심했을 때 영어로 매일 일기를 쓰기 시작했습니다. 영어실력 향상을 위한 것이었지만 자연스럽게 매일 쓰는 습관을 갖게 되었던 듯합니다.

우리가 흔히 일기를 쓰려고 할 때 일어났던 것 위주로 쓰게 되는 게 기본입니다. 저 역시 그렇게 시작했지요. 한글일기를 썼던 고등학교 때 일기장을 들여다보면 제 자신을 나름대로 반성하고 결심하는 글들이 제법 있는 것을 새삼 발견합니다.

20대, 성공에 집착하며 그에 준하는 노력을 했었던가? 그렇지도 못하면서 불평불만으로 가득 찬 시절을 보냈습니다. 그 때는 세상을 탓하고 남을 비난하고 심지어 제 자신을 심하게 다그쳤다는 것을 부정적 단어가 가득한 일기장이 대변해줍니다.

어제 어떤 성인 학생에게 영어와 인생이 어떻게 바뀌게 되었는가에 대해 이야기 하던 도중 새삼 일기와 책이 크나른 공로자였음을 깨닫게 되었습니다.

깨달음이라는 게 어느 순간에 오듯이 학생들에게 그토록 제 영어일기에 대해 말하면서도 미처 깨닫지 못한 감사한 읽기의 재발견이랄까. 자기성찰! 어렸을 때 선생님께서 말씀해주셨던 그리도 어렵게만 들렸던 말이 영어일기를 쓰는 과정에서 찾아오게 되었습니다.

제가 바뀌어야 한다는 결심을 한 후에 저를 점검했던 공간인 일기장! 또 다른 한 곳이 있었는데 영어강사로 활동하면서 작성했던 수업일지가 그것입니다. 두 공간에서의 공통된 원칙을 세웠습니다. 첫째, 남을 비난하지 않기. 설령 어떤 문제가 타인으로 인해 발생해도 그것을 제 스스로가 어떻게 받아들이고 생각할 것인지에 초점을 맞췄습니다. 또한 기대했던 것과 다르게 돌아가는 경우나 힘든 시련 속에서도 그 상황을 탓하기 보다는 의미를 찾아가려 노력하는 것입니다.

 일기는 긍정적인 태도와 생각으로 타인과 제 자신을 바라보는 연습의 공간인 것입니다.

본격적으로 스물아홉에 영어일기를 시작하고 지금까지 13년. 제 삶의 변화 과정이 고스란히 일기에 적혀 있습니다. 실수하고 실패하고 그러면서도 다시 일어서고 그런 모든 과정이 제 일기에는 적나라하게 적혀 있습니다. 매일 쓰는 일기이지만 감사할 일들도, 반성할 일들도 참 많습니다. 나아지는 과정에서 간혹 뒤로 가는 저를 만날 때면 마음의 평화가 사라지기도 하지만 그 또한 생각의 변화를 맞이할 때이기도 합니다.

오히려 반성할 일이 있음에 감사하고 그럴수록 더 자신을 돌아보며 변화를 이어갑니다. 겸손함을 일러주는 실수들을 통해 계속해서 전진만 해야 하는 욕심도 조절할 수 있게 됨이 감사하고 그리 바뀐 생각에 제 자신이 대견하기도 합니다.

방금 전에도 엄마와 이야기하는 도중 경청을 소홀히 하고 엄마의 문제점을 성급히 지적해주며 가뜩이나 좋지 않은 엄마의 기분을 더 상하게 하고서야 저를 반성합니다. 일기에서 그 일을 반성하고 또 결심합니다. 겸손히 실수에서 다시 배우며 나아지는 모습으로 엄마를 대하리라.

모든 것을 내안에서 시작하는 '대화의 장'인 일기는 그렇게 저를 돌아보게 하고 더 나아지는 변화를 만들어가는 행동 전후 저와의 데이트 시간인 것입니다. 그리고 사건 상황 속에서 저를 다잡아가는데 꼭 필요한 친구이기도 합니다. 그 고마운 친구 덕택에 제가 이렇게라도 나아져 여러분들께 어줍지 않은 글을 쓰는 것도 가능한 것이지요.

우리에게 문제가 있을 경우 누군가가 들어주는 것만으로도 기분이 조금 나아진다고 합니다. 하지만 누군가와 이야기를 나눈다고 해서 모든 문제가 풀리는 건 아닙니다. 바로 우리 자신과의 대화 속에서 우리 안에 깊숙이 자리 잡고 있는 지혜의 소리를 들어야 합니다. 그 소통이 일기나 명상 혹은 기도 속에서 이루어집니다.

며칠 전 만난 친한 친구는 대학교 졸업식 직전에 결혼해서 전업주부로 살다가 30대 초반 일을 시작하여 자신의 영역에서 큰 발자취를 만들어가고 있습니다. 그러다 얼마 전 척추를 다쳐 10년 만에 처음으로 장시간 휴식을 갖게 되었고 요즘 자신을 돌아보는 의미 있는 시간을 보내고 있다고 하였습니다. 처음 일을 시작하고 지난 10년간 많은 사람들을 만나면서 매일 자신과 이야기를 했다고 생각했는데 쉬면서 생각해보니 자신과의 진솔한 시간을 좀 더 갖지 못한 것이 아쉽다 토로하였습니다.

어떤 한의사가 낸 책에서 사람들이 아프기를 희망한다는 내용이 시선을 사로잡습니다. 우리는 매일 그저 앞만 보고 바삐 살다 무언가 잘못되어 감을 알면서도 그 틀에서 벗어나지 못하는 상황을 지속합니다. 어떤 전환점이 필요한 순간에 아픔이 주는 작은 쉼을 통해 자신과 많은 대화의 시간을 갖고 자신과 인생을 돌아보는 계기를 가졌으면 하는 한의사의 바람 아닐까요.

일기를 통해 저와의 대화 시간이 매일 주어지고 그 시간을 통해 일상의 삶이 정리되는 나만의 공간을 사랑합니다. 이제는 숨 쉬듯 제 일부가 되어 버린 일기. 나를 만나는 그 소중한 시간은 앞으로도 계속 이어갈 것입니다, 숨이 다할 때까지.

어렸을 때 동화책을 읽지 않은 사람은 흔치 않을 것입니다. 저는 천재도 아니면서 천재인 척 끊임없이 사람들에게 책의 필요성을 묻고 다녔습니다. 읽어야 하는 이유가 크게 있어야 한다는 듯이 찾아 헤매며 읽지 않는 이유를 정당화시켰던 것이지요. 그렇게 20대초까지 이어졌던 질문이었습니다.

의무감에 책을 한 번 들었다 하면 완벽주의자적인 성향이 저를 가로 막았습니다. 한글인데도 모르는 단어가 나오면 그것을 알아내기 전까지 더 이상 진도를 내지 않았던 것입니다. 그러다 보니 의무감에 들었던 한 권의 책을 6개월 동안 읽은 적도 있었습니다. 20대 중반엔 성공을 쫓으며 성공 관련 자기계발서를 읽을 때도 있었지만 왜 책을 읽어야 하는지 제 스스로가 답을 할 수 있었던 것은 제 자신을 찾는데 도움이 되는 자기계발서를 만난 스물아홉 살 무렵이었습니다.

캐나다에 있을 때 발견했던 『Don't sweat the small stuff』.

무슨 뜻인지 제대로 알지도 못하면서 막연히 제 인생을 바꿔 줄 책이라 직감했습니다. 그 직감은 정확히 맞았었고, 지금도 주변의 학생들이나 지인들에게 선물하는 최고의 책이 되었습니다.

그 책과의 만남은 기독교, 천주교 신자들이 왜 성경을 읽는지, 불자들이 왜 법문을 읽는지에 대한 이해를 도왔습니다. 그 책은 제 마음을 닦는 최고의 선물로써 일기와 함께 1998년부터 제 곁에 자리 잡고 있습니다. 그 이후 책읽기를 하루도 거른 법이 없는 신기한 일이 생겼습니다. 제 변화의 중심에 책이라는 거대한 지침서가 있어 가야 할 방향을 제시합니다. 그러면 저는 그 길을 가는데 있어 제 자신을 끊임없이 들여다보며 실생활에서 연습과 적용을 이끌어냅니다. 물론 지금 이 순간 역시 연습의 과정을 밟고 있는 것입니다.

제가 책 읽는 습관을 들인 후 사람들에게 제일 많이 선물하는 것이 바로 책입니다. 그동안 선물로 사다드린 책들을 소중하게 모으고 계신 엄마를 바라보니 그저 즐겁습니다. 엄마와 헌책 이야기를 하다가 몇 권이나 구매하셨는지 여쭤보면서 칭찬해 드렸습니다. 쉰아홉이 되어서야 본격적으로 책 읽는 습관을 들이신 엄마는 2년 전부터 본인이 직접 헌책방에도 다녀오시는데 오늘처럼 좋은 책을 발견하셨을 때던 '심봤다' 하시며 기뻐 자랑하시곤 합니다.

며칠 전엔 지하철 안에서 평상시처럼 책을 읽고 계시는데 '찰칵' 소리가 나기에 앞을 보니 젊은 남자가 책 읽는 엄마를 휴대폰으로 찍더라 하셨습니다. 엄마께 그래 어떻게 했느냐고 여쭤보니 그냥 웃어줬다 하시더군요. 아마 젊은 친구 입장에선 연세 있으신 분의 책 읽은 모습이 달리 보일 수 있었으리라 생각하며 엄마의 책 읽는 모습을 통해 자신의 노후를 책과 함께 할 것을 다짐할 계기가 될 수 있었으리라 예측해봅니다.

자신을 만나려는 목적에서 많은 책을 읽는 것이 중요하지만 제가 그러했듯이 어떤 책 한두 권을 정해두고 연습하는 것은 어떨지 조언해드립니다. 종교가 있으신 분들에게는 자기 종교의 법문이나 성경, 코란 등이 최고의 지침서임은 당연하겠지요. 습관을 만들기 위해 늘 앞으로 전진만 할 수는 없습니다. 가끔은 뒤로 가는 예전의 모습을 발견하기도 합니다. 그럴 때마다 책이 가까이 있다는 것이 그저 감사합니다.

일기와 마찬가지로 영어를 위한 습관으로 시작된 책 읽기. 매일 제 자신을 돌아보게 해주는 책을 조금이라도 읽습니다. 가끔 뒤로 가는 저를 마주 대할 때 필요한 부분을 들여다보면서. 제 스스로에게 다시금 무엇을 어떻게 해야 할지 상기시키며 가볍게 그 실수를 날리며 괜찮다 위로하며 다시 출발합니다. 삶의 참모습을 만나게 도와주는 나침반인 책에게 오늘도 고마움과 사랑을 전합니다.

우리는 흔히 가진 것을 생각 못하고 부족한 것만 따진다. — A. 쇼펜하우어

스물여덟 살이 되던 해, 내 자신을 돌아보고자 떠났던 돈키호테형 세계
여행. 1997년 10월 13일 회사를 그만두고 첫 번째 목적지인 캐나다로 출발
했습니다. 비록 영어는 서툴렀지만 외국인과의 만남을 즐겼습니다. 그야
말로 천방지축 까불고 다니면서 외국인에게, 그것도 영어를 모국어로 쓰
는 이들에게 제 짧은 영어로 웃겨주는 제 나름의 작은 재능이 그곳에서도
통한다는 신기한 경험으로 인해 자신감이 하늘을 마구 찔렀습니다. 떠난
지 얼마 안 돼 들려온 IMF 소식을 접한 후 애국자는 못되지만 혼자 여유롭
게 하는 여행이 죄스러워 계획을 바꿔 언니가 있는 마지막 행선지 싱가포
르로 향했습니다.

그곳에서 외국인 형부와 그의 가족들과 친구들에게도 캐나다에서처럼
기죽지 않고 보냈습니다. 한 달간 머무는 동안 말레이시아로 형부 친구들
과 함께 떠난 여행에서 기고만장했던 제 영어가 통하지 않는 상황을 마주
하게 되었습니다. 순간 그 자리에서 꿀 먹은 벙어리가 된 제 스스로에게

화가 나 조용히 자리를 떴습니다.

그러나 새로운 결심이란 예상치 않는 장소에서 하게 마련입니다. 그 당시 생각으로 영어를 모국어로 쓰는 서양인들에게도 기가 꺾이지 않았던 제가 화교들과 함께 하는 자리에서 좌절을 겪었던 사실이 실망스러웠던 것입니다.

그때 전 2년간 회사생활을 하며 모았던 얼마 되지 않는 돈이 바닥난 상황에서 염치불구하고 엄마에게 미래에 대한 투자 의향을 싱가포르에 있는 언니 집에 돌아와 전화로 물었습니다. 갚는 것을 약속했으나 면목 없게도 그 빚은 여전히 진행형입니다.

친구들은 결혼해 아이들이 서너 살 되던 때인데도 제게 아낌없는 지원을 해주신 엄마의 지지 덕택에 다음해인 1998년 5월, 스물아홉이라는 적지 않은 나이에 영어연수를 할 수 있게 되었습니다.

돈키호테처럼 거칠 것 없던 저는 1998년 5월 8일 다시 일을 벌이기 위해 캐나다로 향했습니다. 지난 배낭여행에서 익숙해진 유스호스텔에 다시 일주일간 머물며 집을 찾아 근처 대학교를 기웃거리다 학교 게시판에서 발견한 홈스테이(homestay)를 택했습니다. 캐나다에 오기 전 학교 등록을 할 때에만 영어를 잘하는 친구 동생에게 도움을 받고, 무식이 용감하다고 직접 가서 제 눈으로 확인하며 집을 알아보기로 결심했습니다. 그렇게 머물게 된 홈스테이의 주인 부부는 친절했지만 골초들이었으며 게다가 비싼 담배 가격을 아끼기 위해 집에서 직접 담배를 말아 피는 관계로 서너 달 후 다른 공간을 찾아야 했습니다. 이번에는 신문 광고를 보고 홈스테이가 아닌 자취를 택했는데 마치 여자 기숙사 같은 아담한 4층집으로 주인의 인터뷰까지 받으며 옮기게 되었습니다.

뒤늦게 시작한 연수였으므로 50세 정도의 아저씨와 40세 언니에 이어 제가 학생들 중에서 가장 연장자로 20대 초중반의 대학생들과 경쟁관계에 있었습니다. 뒤늦게 시작한 공부이기에 어떻게든 성과를 내겠다는 악착같은 마음으로 혼자만의 목표를 향해 뛰었습니다. 어린 친구들에게 도움을 주며 가는 것이 아닌 저만의 개인적인 욕심을 위해, 그리고 나이 먹어 독립할 나이에 용돈을 드리지는 못할망정 되레 엄마에게 돈을 빌려온 것이었기에 더욱 열심히 해야 한다는 마음의 구게도 컸던 게 사실입니다.

하루하루 새롭고 행복한 시간을 보내며 영어와의 사랑에 흠뻑 빠진 연수기간도 접어야 하는 시간은 어김없이 왔습니다. 한국에 가서 열심히 이어가리라는 확신이 있었기에 더 남아 있을까 하는 갈등을 뒤로 하고 한국에 돌아올 수 있었습니다.

영어로 인해 행복을 맛보며 한국에서 영어와의 끈을 이어가려 노력했던 시절, 갑자기 몸이 아프기 시작하여 6개월 동안 두 번이나 전신마취 수술을 하게 되었습니다. 그로 인해서인지 오랫동안 몸이 좋지 않았습니다. 1999년 9월, 16개월간의 어학연수를 마치고 한국에 돌아왔으나 2002년 10

월까지 거의 무직상태로 지냈습니다. 영어로 할 수 있는 일을 찾아다니다가 무역업에서 일을 한 적도 있었으나 적성과 맞지 않아 한 달 만에 그만두고, 영어 공부를 벗 삼아 간간히 영어 개인지도를 하게 되었습니다. 그 기간 동안 매일같이 영어로 시작해 영어로 하루를 마감하며 영어에 빠져 사는 3년의 칩거 생활이 이어졌던 것입니다.

30대초 한국에 왔지만 제대로 일도 못하는 상황에서 함께 사는 여동생에게 조금이라도 짐을 덜어줄까 2001년부터 몇 명 직장인들 대상으로 개인지도를 시작하게 되었습니다. 비록 개인지도였지만 그 계기로 가르치는 것을 직업으로 생각하며 매일 영어를 할 수 있는 것만으로도 충분히 좋은 직업이 될 수 있다 판단하였습니다. 이리하여 건강이 나아진 2002년 10월부터 본격적으로 영어강사의 길을 걷게 되었습니다.

순수한 의도는 아니었지만 아직 부족한 영어실력을 고려하여 자원봉사 선생이 되기로 결심했습니다. 인터넷 검색을 통해 어느 복지관에서 어르신들을 위한 영어봉사자 모집광고를 발견하고는 바로 지원을 하고 첫 출근을 했습니다. 같은 날 유료 성인 영어반에 새로 오실 선생님께서 복지관까지 오는 길이 멀다고 첫날부터 오지 않게 되어 운 좋게 그 성인반은 제 몫이 되었습니다.

많은 시행착오 속에서 처음 4년은 성인과 아동을 함께 가르쳤고, 이후 4년 동안 성인반만을 집중적으로 가르치며 8년간 영어회화 강사로 활동했습니다. 영문과 출신도 아닌 제가 뒤늦게 시작한 영어 강사의 길이었지만 복지관에서의 첫출발이 도서관, 외국어학원, 백화점, 회사 출강으로 이어 졌습니다. 제가 있던 모든 곳들은 자신감과 성취감을 키워가는 훌륭한 공간이었습니다. 아울러 가르치는 일을 통해 영어뿐 아니라 인생이 변화되는 의미 있는 경험을 하게 되었습니다.

제 자신을 바꾸고자 떠났던 28세의 배낭여행에서 예상치 못한 영어에 대한 좌절을 맛보고 생각지 않았던 영어 공부를 다시 하게 되었습니다. 영어연수와 함께 시작됐던 행복찾기가 영어라는 감사한 대상을 만나고 그 속에서 행복을 발견했다고 생각했습니다. 그러나 시간이 지나면서 그 행복은 조건부 행복임을 깨닫게 되었습니다. 이렇게 내 자신을 바로 알아가는 과정에서 진정한 행복의 의미를 알게 되었고 그로인해 '행복강사'를 꿈꾸었습니다. 영어강사로 수업을 하면서도 행복에 대한 물음과 행복과 관련된 내용을 수업에 반영하는 과정에서 무언가 일을 꾀하는 마음이 자연스럽게 생겼습니다.

영어강사와 행복강사, 두 가지 직업을 병행하려 마음을 먹고 있던 2010년 1월 어느 날 부산으로 내려가는 기차 안에서 행복과 영어를 결합할 수 있겠다는 아이디어가 떠올랐습니다.

강의를 통해 알게 된 학생들의 영어를 바라보는 관점이나 제가 영어를 바라보는 관점 속에서 영어가 인생의 행복과 무관한 게 아닌 큰 연관 관계가 있음을 발견했습니다. 그 상이相異한 두 주제의 공통분모는 '생각과 태도'인 것입니다.

행복양과 영어군이 만났을 때

어느 날 지인으로부터 급하게 연락이 왔습니다. 지금은 대기업 임원으로 활동 중인 그녀가 임원이 되기 전 중요한 영어면접이 예정되어 있어 저에게 SOS를 보낸 것입니다. 마주앉자마자 그녀는 예상 질문들이 적힌 용지를 보여주었습니다. 살짝 훑어보고 잠시 영어실력 테스트를 해보려는데 그녀가 의외의 모습을 보이기 시작했습니다. 상당히 똑똑한데다가 탁월한 업무능력을 인정받아 임원을 바라보고 있는 상태임에도 그녀는 너무 자신감 없는 모습을 보입니다. 가벼운 영어 질문을 던졌는데도 영어 울렁증이 있는 전형적인 한국인의 모습으로 답변을 주저하여 더 이상 테스트를 할 수 없는 상황이 되었습니다.

왜 그녀가 영어 앞에서 그토록 자신감이 없는지 알아보기 위해서 하려던 영어면접 연습을 뒤로 하고 우선 그녀와 대화를 시작했습니다.

학창시절 선생님과 관련된 안 좋은 추억이 당시 40초반으로 기억되는 그녀의 영어잠재력을 가로막고 있던 것이 원인이었습니다. 자신감 회복을 위한 처방전으로 그녀에게 뜻하지 않았던 1인 강의를 해주었습니다. 제 전공분야와 다른 비즈니스 영어에 대해서 직접적인 도움을 못 준 것이 사실이지만 그보다 그녀에게 가장 필요한 '자신감 있는 태도'를 회복시키기 위해 꽤나 건방지고 무례하게 그녀의 영어에 대한 생각을 흔들었습니다.

영어강사로 활동하며 만나 본 성인학생들 중 그녀와 흡사한 분들이 너무나도 많습니다. 학력, 경력 혹은 현재 하고 있는 일들에서 그분들은 이미 충분한 자신감을 갖고 있으리라 생각합니다. 그런데 그분들 중 대다수가 영어 앞에서는 원인 모를 열등감을 갖고 있습니다. 사회에서 볼 때 배경, 소위 말하는 전문직, 대기업 혹은 명문대 출신이면 그들의 영어실력도 당연히 높을 것이라고 보는 경향이 있습니다. 그런 시각이 오히려 그들에게 영어에 대한 부담을 갖게 하는 이유가 되기도 합니다. 특히 영어와 관련된 영문과 출신 혹 영어선생님 심지어 영문과 교수님들이 그런 사회적 기대치로 인해 타인 앞에서의 영어노출을 부담스러워하기도 합니다.

강의실 안 또는 바깥에서 만난 사람들에게 자신들의 영어 문제점을 물어보았더니, 가장 많은 답변이 문법과 단어를 몰라서라는 '실력 부족'이었습니다. 영어를 제대로 쓸 수 없는 환경을 지적하거나 혹 자신들에게 영어 재능이 부족하다는 의견도 있었습니다. 그러나 제가 관찰하고 발견한 문제점은 보다 근본적인 것이었습니다.

바로 영어에 대한 생각과 태도!

처음 '행복 영어'라는 제목으로 특강을 하니 그것을 처음 전해들은 관계자뿐 아니라 강의에 참석하신 많은 분들이 영어 잘하는 비법을 제시함으로써 행복하게 하는 강의로 착각하셨습니다. 물론 그게 틀린 게 아닐 수도 있습니다. 왜냐하면 실력이 부족해 말 한마디 제대로 못한 게 아니라 울렁증으로 인해 하지 못한 것인데, 자신들이 여태 감춰왔던 잠재력이 발산되면서 잘하는 것처럼 비쳐질 수 있으니까요.

'생각과 태도의 변화를 통해 이야기 한다'는 홍보문구가 낯설면서도 특이하게 생각되어 참석하시는 분들이 많았습니다. 물론 저 역시 처음 영어 강사가 되었을 당시 이런 강의를 하게 될 줄은 생각지도 못했으니까요. 학습적으로 접근하는 게 일반적 강의였고, 서점을 둘러봐도 문법이나 회화에 필요한 패턴을 다룬 영어 관련 서적이 대다수였습니다.

그런데 뒤늦게 영어를 시작해 제 스스로가 학습자로서 그리고 강사로서 학생들과 주변사람들을 만나면서 학습적인 것보다 훨씬 더 중요한 것이 있음을 발견했던 것입니다. 더불어 진정한 행복이 무엇인지를 찾아 연습하면서 두 주제의 공통점을 찾아내게 되었습니다.

아울러 지난 8년간 5세 아이부터 78세 어르신까지 함께하는 동안 사람들이 영어를 바라보는 관점을 바꿀 필요성을 깨달았습니다. 마치 인생에서 무엇을 하느냐가 중요한 게 아니라 인생을 어떻게 살아야 하느냐가 중요하다는 것을 깨달은 것처럼.

직업의 유무, 돈의 유무, 심지어 건강상 문제에 상관없이 어떻게 생각하고 어떤 태도를 갖느냐에 따라 인생은 충분히 행복할 수 있다고 믿습니다. 마찬가지로 별 것 아닌 영어 실력을 갖고 있을지라도 혹 영어를 전혀 모른다 해도 생각을 어떻게 하느냐에 따라 영어에 대한 만족도는 달라집니다. 영어 수준에 상관없이 영어 앞에서 작아지지 않고 당당히 행복해질 수 있는 것입니다.

'행복의 정의는 우리 스스로가 내립니다.'

처음에 이 강의를 몇 차례 선보이면서 무언가 요점이 필요하다고 생각했습니다. 제 자신의 영어와 인생, 행복을 위해 만들어 왔던 습관들을 정리해보면서 그 중 중요한 것으로 생각되는 7가지 습관들을 간추렸습니다. 바로 생각과 태도를 위한 습관들입니다.

굳이 이 습관들을 만들지 않는다 해서 행복할 수 없다고 생각지는 않습니다. 자신이 그저 행복하다 생각하면 그만인 것입니다. 누가 뭐라 해도. 제시한 모든 습관들을 다 만들 필요 또한 없을 것입니다. 누구보다 우리 자신이 스스로를 더 잘 알고 있습니다. 자신이 어떤 상태이고 무엇이 필요한지를 여러분 스스로와 진솔하게 대화를 나누며 그 7가지 습관을 부담 없이 점검하셨으면 합니다. 제가 제안하는 것 외에 본인이 생각하는 습관들도 좋습니다. 여러분이 어떻게 해야 인생과 영어에서 행복해질 수 있는지 그 행복한 고민을 7가지 습관들과 함께 생각해보며 즐겨보시길 바라봅니다.

우리 안에 이미 내재된 습관들을 다시 연습해 진정한 우리 것으로 만들며 무한 잠재력을 가진 참된 우리를 발견하는 기쁨을 만끽하셨으면 합니다. 설령 이 습관들을 지금 현재 가지고 있지 않다 하더라도 괜찮습니다. 저 역시 그렇게 출발했고 많은 분들이 우리의 동지이니까요.

여러분이 이 세상에 감사하게 왔을 때 여러분 안에 이 모든 습관 외에 각자가 원하는 모든 것들을 신께서 심어놓으셨음을 믿으십시오. 신을 안 믿으니까 못 믿겠다고요? 저 또한 종교는 없지만 분명 우리 인간은 특별하고 완전한 존재로서 이 아름다운 세상에 왔다고 믿습니다. 인생의 여정에서 자의건 타의건 우리의 참모습을 잃었던 것이라 생각합니다. 그러나 연습을 통해 우리의 본래 모습을 회복시킬 수 있다는 것은 참으로 기쁜 소식입니다.

이제 행복 인생과 행복 영어를 위하여 자칭 잠재력 교주가 제시하는 개똥철학에서 나온 그 7가지 습관을 소가합니다.

성실한 시계전문가님

이 분은 사장님보다는 선생님이라는 호칭이

어울리는 분이다.

모든 좋은 수식어는 이분한테 다 붙이고 싶다.

항상 유리 너머로 찾아 보면 그 자리에 앉아

시계를 두드리고 갈고 고치는 모습이 눈에 들어 온다

묵묵히 자리를 지킨다 사시사철 그 자리에서.

실수를 즐겨라

아무런 실수를 저지르지 않는 사람은 아무 일도 하지 않는 사람이다. -로맹 몰랑

"실수를 즐기세요."

이상한 제 요구에 반신반의하며 영어회화에 임하셨던 성인 학생분들. 이 말에 바로 맞장구치며 이것이 자신을 편안하게 하는 길임을 눈치 채는 분들이 있는 반면에 어떻게 실수를 즐기느냐며 저의 희한한 요구를 말도 안 되는 소리로 생각하셨던 분들도 계십니다. 그러나 결국에는 이 말에 대한 의미를 알아가면서 많은 분들이 영어를 가깝게 하는 중요한 요소가 되었고, 어김없이 특강을 만들 때는 '7가지 좋은 습관' 중 첫 번째로 꼽게 되었습니다.

특강에 오신 분들에게서 회화반을 진행했을 때와 마찬가지로 발견하게 되는 점은 완벽주의자로서 영어를 바라보는 것입니다. 물론 저 역시 그런 자세로 인생과 영어를 바라보며 제 자신을 힘들게 했던 때가 있었습니다.

수많은 실수와 실패 속에서 우리가 필요한 바를 배우며 성공을 얻게 되듯이 영어에서도 당연히 할 수 밖에 없는 실수를 자연스럽게 받아들이는

태도가 필요합니다. 저 자신부터가 실수를 즐기는 자세로 학생들을 대했을 때와 그렇지 않고 완벽한 문장을 기대하며 학생들의 영어를 지켜볼 때 큰 차이가 있었습니다.

처음 영어 회화반을 운영할 때는 몇 해가 지나도록 학생들의 실수를 너그럽게 넘기지 못했습니다. 제 경우 학창시절 영어가 좋았고 문법위주의 수업을 배우면서 수학공식은 싫어도 영어문법은 신기하게도 재미있었습니다. 그랬던 제가 캐나다 연수기간 동안 회화를 본격적으로 시작하게 되고 영어강사를 위한 교육을 받지는 않았지만 나름대로 방법을 모색하며 문법을 기초로 하여 수업에 적용해 보았습니다.

그러나 제가 부족한 탓도 있겠지만 문법을 앞세워 정확한 문장을 말하도록 유도하는 강의에서 문제점들을 발견하게 되면서 개인적으로 좋아했던 문법에 대한 생각을 바꾸게 되었습니다.

학생들이 말할 때 도움을 주면서 저에게 의존하는 식의 수업을 진행하다 나중에는 그 의존적인 습관을 버리게 했습니다. 틀리더라도 죽이 되든 밥이 되든 혼자 실수를 즐기게 하며 간섭도 도움도 없이 지켜보는 식으로 수업 방향을 돌리게 된 것입니다.

그런 시행착오를 거치면서 문법에 짜 맞추어 수업하던 것보다 실수를 친구 삼아 수업한 것이 영어울렁증까지 있던 학생들의 부정적인 시각을 바꿔 영어에 긍정적으로 다가서게끔 하였습니다.

저 역시 그런 시각으로 하니 완벽하지 못한 영어를 구사하는 저 스스로에게나 학생들에게 관대해지고 그들과 편안한 관계에서 더 웃음이 묻어나는 수업이 가능했습니다. 스스로의 실수를 관대하게 바라볼 때 타인의 실수 또한 포용할 수 있으니까요. 실수와 실패를 어떻게 보느냐에 대한 '실수를 즐기는 습관'을 저 역시 꾸준히 실행하고 있는 것입니다.

인생에서 실수는 또 어떻습니까? 여러분은 실수나 실패를 편하게 받아들이십니까? 제 경우 저의 실패는 대인관계로부터 출발합니다. 제 문제점을 인식한 후 저를 바꾸는 과정에서 실수와 실패가 연속되었습니다. 또한 직업에 있어서도 20대에는 한 달을 못 견디고 이것저것 맘 내키는 대로 하고 다녔습니다. 서른이 지나 영어를 일로 받아들여 영어강사가 되고서도 많은 실패가 있었습니다. 매일 매일 최선을 다해 재미있는 수업으로 만들려 하는 게 제 목표였지만 어떻게 매 수업이 재미나게만 만들 수 있겠습니까? 계속되는 홈런성-제 나름대로 평가- 수업이다가 딱 한 번의 실수로 인해 병살타가 되고 마는 수업이 저를 시험하기도 했습니다.

오늘 오전에 있었던 강의에서 그 전 강의에 이어 실수를 하게 되었습니다. 지난 시간에 그렇게 성공적인 강의가 못되어 반성하며 준비했지만 오늘도 그렇게 효율적인 강의가 되지 못했습니다. 여러분에게 고해성사하며 재미나고 효율적인 다음 강의를 기대하면서, 점심을 간단히 하고 부정적으로 흐를 수 있는 감정을 다 잡으려 이렇게 원고를 쓰며 실수를 즐기고 있습니다.

제게는 유독 선생님 출신이거나 현역에서 다양한 과목의 선생님들 수강생이 많이 오십니다. 실수를 즐기라는 저의 주문이 어떤 과목 선생님께 인기를 덜 받는 줄 아세요? 음악, 수학, 컴퓨터! 여러분들도 짐작할 수 있듯이 음 하나라도 틀리면 문제가 되는 음악, 공식에 숫자를 넣어 푸는 수학, 컴퓨터는 말할 것도 없지요. 그렇기에 이런 과목 선생님들이 영어와 친하지 않는 상황에서 제 희한한 주문은 마음에 와 닿지 않는 조언일 것입니다. 그러나 그런 생각조차도 이 주문에 맞춰 연습만 한다면 그 말의 뜻을 터득하게 되니 지켜보는 저도 신기합니다. 60대 초반의 전직 수학선생님께서 처음엔 제 주문에 힘겨워하시다 시간이 지난 후 이제는 실수를 너무 즐겨 탈이라 말씀하셨지만 본인도 그런 자신에게 신기하셨을 것입니다.

오늘 강의가 그 전 강의와 더불어 제 자신을 겸손히 하라는 선물로 다음 강의를 두려움이 아닌 잘못된 점을 바로 잡으며 이끌어 갈 수 있게 함과 동시에 마음공부를 더하게 하며 더 나은 아이디어를 찾을 수 있는 계기를 주듯이. 실수와 실패는 성공의 기본요소이며 우리를 겸손하게 하는 감사한 선물입니다.

지금도 여러분의 기억 속에서 살아 숨 쉬며 괴롭히는 여러분만이 알고 있는 실수 혹은 실패에게 일부러라도 활짝 웃어 보이세요. 너희로 인해 지금 나는 아가들이 걸음마를 배우듯 다시 천천히 앞으로 전진할 것이라고. 그리고 이왕 하는 것 과거도 미래도 생각지 말고 지금 이 순간을 소중하고 감사히 즐기시면서 고맙다고 말해보세요.

실수를 즐기는 것은 '자기사랑'입니다. 잘못을 오랫동안 간직한 누군가와 영어로 이야기를 나눈다고 합시다. 단어 하나, 표현 하나 실수했다 하여 그 다음 대화가 제대로 진행되지 않는 상황. 이것은 우리가 지금 이 순간을 즐기지 못하고 과거에 머물며 앞으로의 미래를 즐길 수 있는 힘을 스스로가 차단하는 길인 것입니다.

영어강사로서 자신은 나름 실수를 즐기는 영어를 하면서 학생들에게는 완벽한 문장 구사를 강요하며 잠재력의 발산을 돕지 못했던 시간, 조금이라도 수업이 원하는 대로 흐르지 못하면 제 자신을 학대하는 시간도 있었습니다. 수업에서 실수를 했을 경우 현재를 잊고 학생들을 볼모로 남은 시간을 즐겁게 이끌지 못했던 상황까지. 제 생각이 만들었던 졸작이었던 것이지요. 실수와 실패 그 자체가 졸작이 아닌 그것을 바라보는 시각이 졸작이었던 것입니다.

졸작으로 혹은 걸작으로? 그것은 바로 우리의 선택입니다. 우리 인생과 영어를 걸작으로 만들어 가고자 한다면 우리는 현재에 온전히 있으면서 감사하게 실수를 즐겨야 합니다. 스스로를 다독이며 '괜찮아'라고 말하며. 실수를 가볍게 날리며 다음을 이어가야 합니다.

실수와 실패는 우리에게 큰 가르침을 주는 스승입니다. 저 또한 무수한 실수와 실패 속에서 더 나아지는 저를 만날 수 있었고 앞으로도 겪게 될 더 많은 실수와 실패는 저를 한 단계 높은 곳으로 안내할 것입니다. 그런 감사한 실수와 실패는 우리에게 타인에 대한 연민까지 경험하게 합니다. 그리고 위대한 덕목인 '겸손'을 알려주기도 합니다. 이리 많은 것들을 아낌없이 주니. 참 고맙고 사랑스럽지 않나요?

며칠 전 제 부족한 사랑에 서운했던 동생이 고마운 지적을 해주었습니다. "남들만 챙기는 행복 전도사가 아닌 가족 좀 챙기는 사람 어때?"

그 말에 순간 제 나름대로 변명을 했지만 - 이것 또한 앗! 실수 - 집에 돌아와 반성하며 그런 큰 실수를 보듬으니 한결 마음이 편해지며 다시 가족 사랑을 연습하자는 의지가 불끈 솟았습니다. 이렇게 창피할 수 있는 실패를 여러분께 이야기하며 겸손하게 실수를 즐기며 다시 노력하는 것입니다. 포기 않고 가는 거예요.

우리를 사랑하는 길인 실수와 실패를 긍정적인 시각으로 안아 보자고요. 그리고 감사히 그 실수와 실패가 전해주는 가치 있는 교훈을 배우자고요.

여러분은 오늘 어떤 실수 혹은 실패를 하셨나요? 긍정적으로 와락 꼬옥 보듬어 주시와요. 단지 우리의 생각을 변화시키는 것만으로도 우리에게 좌절을 줄 수 있는 것들이 고마운 선물로 받아들여질 수 있을 테니까요.

실수야 실패야 고맙다! 내 실수와 실패를 보듬는 것처럼
남의 실수도 자비롭게 포용하는 사랑 실천할게.

진정한 자기계발

자신의 존재에 대해 깊이 고민하다 보면 자신이 세상의 전부가 아니라
전체를 이루는 특별한 일부라는 사실을 깨닫게 될 것이다. - 톨스토이

이 책을 준비하면서 남편에게 자기계발서에 대해 물어본 적이 있습니다. 제가 읽어왔던 책들은 자기계발서이면서도 저 자신을 바꾸는데 도움이 되는 종교적인 색깔이 있는 것도 포함되어 있습니다. 종교를 가지고 있지 않으나 책을 읽으면서 느끼는 것은 우리를 돌아보게 하는 고마운 책들이 많다는 사실입니다.

현대인은 좀 더 나은 우리를 만들고자 늘 자기계발에 신경 쓰며 삽니다. 경쟁사회에서 필요한 것들을 습득하고자 바쁜 일상 속에서도 시간을 쪼개 자기계발에 치중합니다. 그러나 그렇게 바쁘게 발전적인 모습을 만들어갈 때 정작 자기 자신과는 멀어지게 됩니다. 진정한 자기계발은 우리 자신을 들여다보며 우리의 변화를 통해 행복을 깨닫는 것입니다. 그것은 태어났을 때 완전하고 행복했던 우리의 모습으로 돌아가는 것이기도 합니다.

저 자신을 돌아보고 바꾸려 시도했던 때 영어가 제 인생에 자리 잡게 되

었고 이 두 가지는 자연스럽게 꿈을 키우는 계기를 마련해주었습니다. 남들이 볼 때 영어전공자가 아닌 제가 뒤늦게 시작한 영어를 만난 것 자체가 자기계발이었을 것입니다.

누군가 두 가지를 만난 것 중 어떤 것이 더 소중하고 중요하냐고 물으신다면 당연히 저 자신을 돌아보는 계기가 되어주고 제 변화를 이끌어준 자기계발을 말할 것입니다. 제 자신이 바뀌어 인간관계가 달라졌고 그 변화가 진정한 행복을 가져다줌을 알기에 주저 없이 그렇게 말할 것입니다.

미치도록 사랑한 영어에 빠져 저만의 세상에서 갇혀 살려고 할 때에도 어김없이 저를 바꾸는 자기계발이 영어에 대한 생각을 여유 있게 바꿔주었습니다. 자신이 좋아하는 일을 하는 것은 참 행운입니다. 그러나 그 좋아하는 일에 집착하게 되면 욕심이 과욕으로 이어지며 미치도록 좋아하는 일에 종속되어 주변을 특히 사랑하는 이들을 외롭게 할 수 있습니다.

수신제가치국평천하修身齊家治國平天下라는 말을 어릴 때 많이 들었던 말 중 하나로 제가 늦게나마 가정을 갖게 되고 보니 사랑하는 일 앞에서 이 말의 중요성을 실감합니다.

나 혼자 좋다고 하는 일에 빠져 살면서 가정을 소홀히 하는 것보다는 평범하지만 주어진 일에 최선을 다하며 가정에서의 소중한 사랑을 실천해가는 게 낫지 않을까 생각해봅니다.

꿈을 향해 나아가는 상황이거나, 혹은 그 어떤 형태의 인생에서도 소중한 우리 본래의 모습을 찾아가며 주변 이들과 함께 어우러져가는 기쁨 가득한 세상을 경험해 보는 것은 어떨까요?

그런 따뜻한 세상에서 우리를 돌아보는 시간이 매일 이루어져 작은 것에 감사하며 긍정적으로 삶을 바라보는 시각을 연습하고 사랑을 실천하며 살아갔으면 합니다.

삶이 우리가 원하는 대로 되어가지 않는다 해서 슬퍼하거나 노여워하지 말고 순리대로 살아갈 수 있는 힘을 발견했으면 합니다. 아울러 어느 누구에게도 좋은 일만 있을 수 없는 인생에서 어떤 상황에서건 그저 견디어 내는 게 아닌 마음의 평화를 연습하며 긍정적으로 그 상황을 있는 그대로 보는 시각을 연습해 갔으면 합니다.

무언가 배우고 실력을 쌓으며 꿈을 향해 가는 상황에서 힘든 일은 더 많이 있을 수 있습니다. 원하는 목표 달성에 상관없이 천천히 과정을 즐기는 거북이의 삶을 알아갔으면 합니다.

모든 것을 다 가진 듯하고 이룬 듯해도 여전히 채워지지 않는 허전함에 행복을 느끼지 못하는 상황에서도 만족과 겸손을 연습하며 함께 살아가는 세상에서 먼저 손 내밀어 사랑을 전하는 행복나눔의 기쁨을 알아갔으면 합니다.

매일 똑같은 일상에 지쳐 자신을 돌아볼 시간도 없이 바삐 앞만 보고 가는 상황에서 자신을 돌아보며 누구와도 비교하지 말고 일상이 주는 소소한 일에 감사하며 하루의 소중함을 알아갔으면 합니다.

실패와 실수를 거듭하며 인생의 패배자라고 생각되는 상황에서도 자신을 한없이 사랑하며 긍정을 가득 품고 나아갔음 합니다. 그로 인해 타인의 실수나 실패에도 관대한 자신을 발견해 갔음 합니다.

설령 건강문제로 아무 일도 못하는, 그래서 더 삶이 어둡고 희망 없어 보이는 현실에서도 마음에 평화를 연습하며 처한 상황에도 불구하고 행복할 수 있는 자신만의 힘을 발견했음 합니다.

이렇듯 지금은 낯설 수 있는 남의 상황이 바로 우리의 이야기가 될 수 있음을 인식하며 이 아름다운 세상에서 각기 다른 어려움 가운데 행복해지려 노력함에 서로 박수 쳐주고 응원하며 함께 갔으면 합니다.

지금껏 살아온 삶의 방식과 습관은 누가 강요하지 않은 바로 여러분 자신의 '선택'이었습니다. 저 역시 예전 습관 속에서 저만의 방식으로 살아오며 변화해야 할 때를 맞이했고 새로운 선택을 하게 되었습니다. 여러분이 제 변화를 통해서 공감하시고 여러분의 잠재력 발산을 시도해 보시거나 혹은 다른 누군가의 조언이나 여러분 스스로의 깨우침으로 변화를 맞이하시던 그것은 바로 여러분의 소중한 선택인 것입니다. 본인의 선택으로 최선을 다해 살아가시는 여러분 스스로를 열렬히 응원하세요.

몇 년 전 뉴스에 한국에서 큰 호응을 받지 못하던 호박만을 그리는 화가가 외국에서 큰상을 받고 왜 호박만을 그리는지 한 기자의 질문을 받았습니다. 화가는 호박처럼 둥글둥글 모나지 않게 살고파 이 세상 떠날 때까지 호박만을 그리겠노라는 답을 하였습니다.

유영철 사건으로 온 나라가 떠들썩했을 때 교도소에 있는 그를 만나보시던 어느 수녀님께서 말씀하셨습니다. 누구를 탓하고 비난하기 전에 여자가 매일 화장을 하듯이 우리 모두는 마음을 매일 매일 들여다보아야 하노라고.

두 이야기 모두 자기성찰의 중요성을 일깨워주며 제 자신에게 진정한 자기계발의 자극제가 되어주었습니다. 오늘밤도 반성할 것이 많습니다. 그러나 그런 저를 보듬으며 오늘보다 내일에는 더 나은 저를 만나게 될 것을 다짐하며 오늘과 작별하렵니다.

사람들에게 배려를 배우고 익히며

내가 원하지 않는 바를 남에게 행하지 말라. – 공자

이기적이며 저 혼자만 잘난 줄 알고 살 때 좋게 말하면 적극적인거지 실상은 제 의견대로 하는 것에 익숙했습니다. 친한 친구들을 만나 식당을 정할 때나 커피숍을 갈 때 혹은 무언가를 할 때도 늘 제 의견대로 했습니다. 친구들이 소극적이었기에 제가 당연히 그런 친구들을 이끌기 위해 그렇게 했던 거라 스스로에게 정당화하면서 말입니다. 물론 대장 노릇을 해야지만 직성이 풀리는 성격도 큰 이유였습니다.

장소를 가리지 않고 큰소리로 떠들고 휴대전화도 저 편한 대로 사용하며 타인에 대한 배려를 모르고 살았던 때가 있었습니다. 함께 살면서 늘 저와 남편을 배려해주시는 엄마. 배려의 달인이신 시어머니. 공공장소에서의 타인에 대한 배려를 남동생이 깨우쳐주기도 했습니다. 배려를 몸소 보여주는 이들이 많은 고마운 인생에서 이 거북이가 느릿느릿 갑니다.

아직도 저에겐 더 많은 연습이 필요한 것이 배려라는 덕목입니다. 여전히 대장 노릇을 하고 싶고 이기적인 성향이 남아 엄마와 언니, 동생들에게 고통을 주기도 하지만 그래도 지금은 실수를 즐기며 배려를 키워 가는 중입니다.

창피하지만 불과 며칠 전에 있었던 사건을 공개합니다. 실수를 즐기면서!

우리 집 1층에는 편의점이 있습니다. 남편 표현을 빌자면 우리는 복합 주상건물 3층에 살고 있습니다. 물론 일반 건물이지요. 저와 남편이 동네 근처 공원에서 운동을 마치고 건물로 들어온 시간이 밤 10시. 1층과 사무실이 있는 2층 사이에 화장실이 있는데 그 화장실 앞에 누군가 큰 실례는 한 것입니다.

1층 편의점서 파라솔을 치고 술손님을 받는 관계로 이른 시간이지만 당연히 그쪽 손님의 소행이라 단정 짓고 편의점에 알렸습니다. 일단 얼굴을 붉히지 않으면서 화를 내지 않고 평온을 유지한 채로 편의점 직원과 매니저를 만났지만 제 배려 없었던 언행에 대한 반성과 깨달음은 모든 일이 종료될 때 찾아왔습니다.

매니저가 그 사건을 듣고 달려와 아르바이트 직원에게 청소를 지시하던 중 3층에 있는 우리 집 벨을 눌렀습니다. 자신들이 최선을 다해 청소를 하겠노라며 다른 세입자에게 청소 도중 피해가 되지 않을까 염려의 말을 전합니다.

순간 그 매니저의 부드러운 표정과 세심한 배려가 저를 부끄럽게 하면서 동시에 감동시켰습니다. 바로 얼마 전까지 제 행동이 다소 유치하고 배려 없었음을 그 매니저를 통해 알게 되었던 것입니다.

매니저가 떠난 후 남편에게 말했지요. 그 큰 실례를 한 사람보다 내가 더 창피해야 할 사람이라고. 그 편의점 직원들에게 그리고 매니저에게 간접적으로 그 사건에 책임을 질 것을 웃는 얼굴로 이야기하면서 그 실례한 대상이 편의점 고객임을 확신시키고 CCTV로 그 범인을 확인할 수 있다며 은근히 편의점 앞에서 술을 마시던 한 무리의 사람들을 의심했던 것입니다.

끝까지 타인을 배려하면서 그 현장을 책임지려 하는 그 매니저의 태도가 저를 반성하게 하고 이렇게 배려라는 주제로 이야기할 수 있는 기회를 마련해준 것입니다. 그리고 배려에 대해 점검해보며 더 열심히 연습하고자 하는 의지를 마련해 주었으니 어찌 감사하지 않을까요. 창피하지만 그 실수 또한 제게 깨우침을 준 고마운 사건이기에 배려를 더 가슴에 크게 새깁니다.

남의 입장을 생각해주는 것, 배려. 그로 인해 사랑이 전해집니다. 그리고 다툼이 없어집니다. 남의 입장을 생각하는 역지사지易地思之. 저를 조금만 덜 생각하고 타인을 생각해 준다면 '배려'는 생활의 습관으로 굳게 자리 잡아 가겠지요?

제 스스로에게 들려주고 싶은 이야기로 몇 달 전 강의실에서 있었던 일을 말할까 합니다. 생각지 못한 또 다른 감동의 배려를 어느 대학생에게 배우고 싶습니다.

날씨에 민감해 늘 일기예보에 맞춰 우산을 잘 챙기는 저입니다. 특강 응용코스가 진행되던 어느 날 저녁이었습니다. 강의가 끝나고 학생이 제게 다가오더니 비오는 창문 너머 어두운 밖을 쳐다보며 제게 묻습니다.

"선생님 우산 가지고 오셨어요?"

아무 생각 없이

"일기예보 잘 확인하는데 오늘 저녁 비 온다는 소식 못 들었는데…."

고 얘기했습니다. 좀 있다가 2학기 복학을 앞두고 있던 그 학생이 다시 제게 오더니 수줍게 말합니다.

"선생님 이 우산 쓰세요."

깜짝 놀라 쳐다보니 자신은 바로 근처에 살기 때문에 괜찮다며 우산을 제게 쥐어 줍니다. 순간 뜻밖의 감동에 뭉클해집니다.

그런 후 남은 몇 학생들과 함께 도서관을 나가려 했는데 대부분 학생들이 우산이 없음을 발견했습니다. 그런데 이 배려 없는 선생은 그 천사 학생에게 받은 우산을 선뜻 내밀지 못하고 말았습니다. 제가 비 맞지 않고 가는 게 다행이다 생각하며 누구한테 뺏기지 않도록 우산을 꼭 붙들고 지하철역까지 나눠 쓰는 정도로 끝을 냈던 것입니다.

가족이, 학생들이 그리고 주변의 모든 이들이 이렇게 제게 턱없이 부족한 배려를 가르쳐줍니다. 그들에게 배운 것을 연습하고 그러다 실수도 하고 그렇게 연습하며 배려랑 친해지렵니다.

배려야! 이 이기적인 사람이 친구 되도 괜찮겠지?

당신은 매우 특별한 사람이다. 진정 당신 자신이 되어라. - 데스먼트 투투

새벽녘 남편이 화장실을 가려 하자 꿈을 꾸던 제가 함께 깨어납니다. 그리고 다시 잠을 이루지 못하고 책과 관련한 아이디어가 밀려옵니다. 심봤다! 물론 우리가 심마니가 아니지만 흔히 무언가 발견하고 외치는 심봤다. 바로 그 심봤다가 아이디어를 줍니다. '나봤다.'

심마니가 산을 오르고 또 오르며 산삼을 찾아 그토록 찾아 헤매듯 우리는 우리 자신을 찾아 나설 것입니다. 그 깊은 산중에 수십 년 걸쳐 바로 그 자리에서 인내로 심마니의 손길이 닿기를 원하듯 우리의 본 모습은 우리가 각자의 방식으로 살아가면서 잃어가는 자신들을 우리 안에서 해바라기처럼 기다리고 있지 않을까요?

'나는 누구일까?'라는 질문이 꼭 종교 혹은 철학에서나 있는 거창한 것이 아닌 우리 스스로에게 물으며 본래의 자아를 찾는데 필요한 고마운 나침반은 아닐런지요.

그 새벽 '나봤다'를 생각하게 되었던 것이 그 전날 보게 된 TV 프로그램

으로 소년원에서의 감동이었습니다. 사회에서 격리된 교도소 특히 청소
년들을 위한 '소년원'에서 어린 청춘들이 다시 자신들의 본래 모습을 찾
기 위해 노력하는 그 곳이 제게도 진한 감동을 주면서 영감을 준 것입니
다.

인상적인 장면은 그 어린 학생들의 합창을 지도해주신 교수님의 말씀이
었습니다. 텔레비전 프로그램에서 오디션을 거쳐 모인 어르신 합창단이
방문해 노래를 한 후 답가를 부르기 직전이었습니다. 긴장하는 아이들을
위해 "너희들 안에도 부드러운 것이 있음을 보여줘라." 글을 쓰는 지금 바
로 이 순간 고 이태석 신부님의 모습이 겹칩니다. 수단에서 눈물을 모른
채 무기를 벗 삼아 살아가는 아이들에게 무기 대신 악기를 쥐어주고 그들
의 본 모습을 이끌어 내도록 노력했던 신부님.

죄 값을 치르기 위해 소년원에 있어야 할 청소년들만 변화가 필요할까
하는 생각을 하게 됩니다. 물질 만능, 과열 경쟁, 정보화 사회가 가중되는
현실에서 교도소 밖의 우리는 변화가 필요 없는 것인지…….

항암치료를 끝내고 회복기에 있는 사촌 동생이 방문했습니다. 등산을
좋아하지 않았는데 북한산 정상에 올랐다고 합니다. 신선한 공기를 마실
수 있음이 감사하고, 살아서 그 산의 정상에 서 있음이 감사하고, 자신이
해냈다는 것에 감사하다며 그 때의 감동을 전합니다.
인생에서 누구나 저마다의 무게로 넘어지기도 합니다. 큰 좌절로

 그렇지만 다시 일어서 인생을 찬찬히 들여다볼 수 있는 우리입니다. 그 힘든 상황이 우리 자신을 다시 들여다보게 하며 '나는 누구인가?'에 대한 해답을 찾게 인드할 것입니다. 그 내부의 진실된 소리를 들으러 떠나보세요. 우리를 찾아가는 고마운 인생 여정 어느 곳에선가 참모습을 발견할 것입니다. 그리고 외쳐보세요 심마니가 산삼을 발견하고 세 번 외치듯이.

나봤다! 나봤다! 나봤다!

겸손은 가장 어려운 숙제

자신감이 심하게 넘치다 보면 저도 모르게 겸손이 달아납니다. 왜 '벼는 익을수록 고개를 숙인다' 했는지 '겸손의 중요성'을 이제서야 알아갑니다.

사랑을 실천할 때에도 자신을 낮추며 겸손해야 함을 고 성철 스님과 고 김수환 추기경님께서 말씀해주셨듯이 겸손한 인간으로 살아가려 연습에 연습을 더 할 것입니다. 물론 겸손은 다른 어떤 것보다 어려운 덕목이라 생각합니다. 그러기에 더 겸허히 하루하루 연습하며 겸손을 실천해야 할 이유가 있는 것입니다.

이제 특강을 만들고 이 글을 쓰는 것 자체가 겸손하지 못할 일이 될 수 있습니다. 그러나 이런 귀한 공간에서 여러분들에게 다짐을 하며 제가 필요한 것을 끊임없이 연습하고자 제 자신에게 책임감을 부여함이기도 합니다.

오늘 안철수 씨와 박경철 씨가 함께 서울에 비해 강연 기회가 많지 않은 지방의 젊은 친구들에게 희망을 이야기하러 2년째 지방순회강연을 하고 있다는 소식을 알게 되었습니다. 두 분의 아름다운 마음이 전달되면서 겸손함이 묻어나는 그 두 분의 삶에서 가르침을 받습니다.

강사로서 만난 모든 학생들 특히 성인 학생 분들을 만나며 느끼는 점이 바로 겸손입니다. 부족한 저의 이야기를 귀 기울여 들어주시고 함께 하시는 분들께 감사할 따름입니다. 엄마가 말씀하시는 것처럼 번데기 앞에서 주름잡는 제게 본인들을 낮추시며 도전해주는 모습에서 감동이 전해지며 그런 저의 크나큰 스승님들로부터 겸손을 배웁니다.

요즘 제게 있어 '겸손의 중요성'은 저를 더욱 더 다잡아 주는 훌륭한 역할을 하고 있습니다. 알면서도 아는 체 하지 말고 있으면서도 있는 체 하지 않는다는 그 말의 의미를 알아가며 연습해 보려 합니다. 물론 아직 아는 것도 없고 있는 것도 없지만 이런 연습을 미리 하는 것도 괜찮겠지요?

간혹 성인 학생 분들이 영어권의 지인들을 손님으로 강의실에 모셔 오곤 했습니다. 영어강사를 시작한 지 3년 정도 되었을 무렵 제 영어에 대한 자신감이 하늘을 찌르고 자만심으로 번질 때였던 것 같습니다.

어느 날 외국에 오래 거주하고 계시던 학생 분의 동생을 손님으로 모시고 왔습니다. 미소를 잃지 않고 다른 학생들과 어울리며 함께 하셨던 겸손한 손님에게 큰 실수를 했던 사건. 완벽주의자적인 성향을 학생들에게 보였던 때로 왠지 모르게 예전 습관이 밀려오며 그분의 영어를 학생들 앞에서 주책스럽게 지적하며 고쳐준 일이 있었습니다. 그리고 제가 그분 보다 낮다는 착각을 하며 자만에 취해 그 분을 알게 모르게 깔보는 어처구니없는 태도를 보였습니다. 시간이 지나 생각해보니 제 어리석은 잘난 체를 끝까지 온화한 미소로 자신을 한없이 낮추며 자비가 느껴지게 하셨던 그 동생 분은 바로 성인군자였습니다. 그 분께 사죄하면서 이제라도 그 분의 깊은 겸손을 알아가게 된 것에 감사합니다.

제 예전 습관이라 했던 것은 어렸을 때부터 잘난 체하고 저만이 똑똑하다고 생각하며 누구한테도 지는 것을 유달리 싫어하며 겸손과 거리가 먼 생활을 했던 것입니다. 지나친 자신감이 자만심으로 빠지며 겸손은 저와는 친하지 않거니와 친할 수 없는 것이었습니다.

부족한 제가 풀어내는 개똥철학에 호응해주시는 분들의 겸손에 부끄러워지며 계속 이렇게 말로 풀어 가야 하나 생각도 하는 요즘. 말없이도 행동으로 타인을 감화시키는 것을 원하지만 아직까지 말과 글로 잘난 체 해야 함을 어찌하오리까. 진정한 겸손으로 가는 과정에서 멀어지는 느낌입니다.

작년 2월 첫 특강을 선보인 어느 도서관. 제가 자신감을 고취하는 구호를 유도할 때 거의 모든 참석자들이 강의가 끝날 무렵 자리에서 일어나 강의 시작 때와 달리 너무도 적극적으로 '할 수 있다'를 소리쳐 외치는 상황에서 감동받았습니다. 강의 후에도 흥분이 가라앉지 않으며 첫 강의의 성공적인 반응에 한동안 취했고 급기야 더 이상의 변화가 필요 없는 완벽한 강의였다는 착각 속에 빠지며 자신감을 넘어 자만심이 밀려왔습니다. 물론 뒤이은 강의에서 더 보충되는 것이 있었고 실수와 실패도 이어졌습니다. 앞으로도 변화를 추구하며 더 나아지는 강의가 되겠지만 자아도취에 심하게 빠졌던 그 첫 강의가 겸손의 미덕을 가르쳐 준 것입니다.

모든 강의가 성공적일 수는 없습니다. 제가 의도한 바가 적절하게 전달되지 못해 실패로 단정 짓는 강의에서 오히려 저는 크나큰 숙제와 교훈을 얻습니다.

성공적인 강의에서 더 많은 자신감을 얻는다면 실패라 생각되는 강의에서는 겸손을 크게 배웁니다.

예전에 영어가 안 되었을 때가 있었듯이 예전 악마 근성의 모습이 있었던 제가 그 변화 후 조금이라도 남의 입장을 생각하게 됩니다. 더불어 겸손을 배워가게 하는 힘든 상황과 저를 시험하는 이들에게 감사함을 느끼는 바입니다. 세상에 성공만 가득한 인생을 살도록 주어졌다면 이토록 진실한 행복을 느꼈을까 싶습니다.

모든 사람들이 같은 경험은 못하더라도 서로 다른 어려움을 겪으며 남에 대한 연민의 정도 연습할 수 있는 실패와 실수가 있는 삶의 연속이 고맙습니다.

여전히 사람들 안에서 자만이 고개를 듭니다. 그렇기에 실수나 실패가 겸손을 위한 고마운 필요조건입니다. 또한 누군가 저를 인정해주고 칭찬해주는 것은 너무도 감사하고 기쁘지만 자칫 거만으로 가게 하기도 합니다. 그렇기에 비난이나 지적이 더 없이 감사한 것으로 저를 다잡게 하며 겸손을 연습하게 합니다.

핸드폰에 매달 중점적으로 연습할 것을 적습니다. '겸손'이라 써 있는 것을 바꾸지 못한 채 몇 달째 그대로 두고 있습니다. 여전히 그리고 계속해서 연습할 어려운 대상임에 틀림없습니다.

얼마 전 여섯 살 조카와 놀아주고 있는데 어려운 것이 나오니 그것을 풀어야지 머리가 좋아진다며 쉬운 것을 하도록 유도하는 제게 끝까지 어려운 것을 풀어야 한다며 행동과 말로 한 수 크게 가르쳐줍니다.

어려운 숙제인 겸손을 조카 말대로 포기하지 않고 풀어가렵니다. 분명 어려움 속에서 선물로 주어질 빛나는 지혜가 발견될 테니까요.

복사꽃 짱여사

사우나 카운터에 서서 주인의식으로

입에서 쥐가 날 정도로 시종 일관 방글 방글

하루 내내 서서 오고 가는 사람들에게

웃음 바이러스 팍팍 전달하는 그대 모습 보면서 하루가 즐겁다.

마음의 평화를 유지하라

복지관에서 일을 시작했던 가방끈 짧은 제가 회사 출강의 기회를 잡았던 때의 일화입니다. 어느 대기업이었는데 아침 일찍 회의실에서 저까지 포함해 4명의 강사들이 같은 시각, 각기 다른 회의실에서 영어강의를 진행했습니다. 물론 저를 제외한 나머지 강사분들의 경력과 배경은 뛰어났습니다. 그렇기에 자부심을 갖고 출발했고 제 방식대로 재미나게 수업을 진행하고 있었습니다.

바로 옆방의 선생님이 캐나다 교포라는 말을 전해 들었습니다. 그 분은 중급반을, 저는 기초반을 맡아 했습니다. 방음이 안 되어 소리가 들려오곤 했으나 제 강의에 몰두하며 최선을 다해 수업에 임했습니다.

그러던 어느 날 그 선생님의 영어가 유달리 크게 들리며 제 마음의 평화가 깨지려는 순간이었습니다. 갑자기 잘하고 있다 생각되던 제 영어가 창피하게 느껴졌지요. 회사 학생들이 제 영어발음을 어떻게 생각할까 신경 쓰이면서 수업에 집중하기 어려운 상황이었습니다.

잠시 동안이었지만 중요한 선택의 순간이었지요. 잠시 주춤했던 저를 다시 곧추 세우고 쓸데없는 생각을 뒤로 한 채 마음의 평화를 연습했습니다. 그리고 남은 시간 저를 믿고 따라와 주는 학생들을 위해 최선을 다해 강의를 끝낼 수 있었습니다.

저를 시험에 들게 했던 순간이었지만 중요한 것을 깨달았습니다. 어떤 누구를 만나도 비교하지 말고 나 자신의 최고 서포터로서 스스로 최선을 다하며 마음의 평화를 유지해야 한다는 것을. 비록 다른 강사들처럼 대학 혹 대학원을 외국에서 다니지 못했지만 기죽지 않고 제 역량을 펼쳐야 함을 상기시켜줬던 감사한 경험이었습니다.

제게도 이렇듯 큰 교훈을 주었던 '마음의 평화'는 모든 방면에서 중요한 요소로 작용합니다. 요즘 TV 프로그램에서 노래뿐 아니라 다양한 분야의 오디션 프로그램이 그야말로 대세입니다. 응시자들을 보고 있노라면 운동경기에서와 마찬가지로 사람들의 공통점을 발견할 수 있습니다. 어떤 사람은 긴장 때문에 제대로 실력을 발휘하지 못하거나 잘하다가도 실수를 하고 난 뒤 평정을 잃고 원래 보여줬던 실력보다 더 못한 모습으로 마무리하곤 합니다. 또 누군가는 자신보다 앞서 했던 경쟁상대가 잘했다고 판단되면 혹은 그에 대한 관객들의 뜨거운 반응을 보게 되면 알게 모르게 자신감이 급격히 떨어지며 기가 꺾이기도 합니다.

어제 본 한 방송사의 아나운서 공개채용 프로그램에서도 그런 일반적인 모습을 쉽게 목격할 수 있었습니다. 그런데 눈에 띄는 이가 있었습니다.

실력이 월등하지 않은 응시자가 실수를 했는데도 의연히 평온을 유지하며 즐기는 자세가 높이 평가 되며 심사위원들에게 좋은 점수를 받아냈습니다.

이는 일반 회사 면접에서 벌어질 수 있는 상황일 것입니다. 예를 들어 어느 취업준비생이 집단 면접에 들어갔습니다. 학벌과 스펙이 뛰어난 응시자들에 둘러 싸여 있다 생각할 때 자연스럽게 기가 꺾이게 될 것입니다. 그러나 그 기에 밀리지 않도록 마음을 다잡으며 끝까지 자신감 있는 태도로 최선을 다한다면 자칫 불리해 보일 수 있는 상황에서 역전승의 영예를 거머쥘 수 있는 것입니다.

강의실에서도 학생들을 보면 그 안에 기 싸움이 있습니다. 기 싸움으로 마음의 평화를 잃기도 합니다. 실수를 하고 난 뒤 마음의 평화가 깨지는 것은 물론이구요. 제 아무리 잘 하는 사람들도 상황에 따라 혹 주위 사람들의 영향을 받아 마음의 평화를 소홀히 대합니다.

예전 회화반 영어강사로 있을 때의 일입니다. 주로 주부들로 구성된 교실에서 새로운 학생이 처음 반에 들어와 놀라는 부분이 있었으니 바로 기존 학생들의 즐기는 태도였습니다. 그들의 실력이 첫 강의실 문을 두드린 학생보다 더 낫다고 할 수 없는 상황에서도 기존 학생들의 즐기는 모습 자체가 새로운 학생의 기를 꺾게 하며 마음의 평화를 시험하게 합니다.

기억나는 성인반 학생 중 두 분이 있습니다. 예외적으로 기존 학생들을 시험하는 이들이었습니다. 한 학생은 실력이 뛰어나지 않았지만 마음의 평화를 무기 삼아 본인보다 실력이 있는 사람을 만날 때조차도 주눅 들지 않고 미소를 유지합니다. 그 모습 자체가 다른 이들을 더 긴장시켰고 오히려 그들의 마음의 평화를 시험에 들게 했습니다.

또 다른 학생은 기존 학생들이 있는 강의에 합류한 첫 날 저마저도 긴장케 하며 제 마음의 평화를 훈련시켜주었습니다. 자세도 살짝 삐딱하게 앉아 여유 있는 모습으로 반에 있던 기존 학생들에게 일일이 이름을 묻는 것이었습니다. 그리고는 바로 이름들을 자신의 노트에 기록했습니다. 물론 저도 예외가 아니었지요. 저에게도 미소를 띠며 너무도 여유 있게 조금도 흔들림 없이 이름을 묻는데 쉬운 이름을 말하면서 그리 힘든 경험은 이제껏 없었습니다. 물론 영어 실력도 있었으나 바로 그 분의 자신감 넘치는 태도에서 기가 꺾인 것이지요. 그 순간 역시 마음의 평화를 연습했지만 이름을 묻는 그것만으로도 기 싸움에서의 도전을 받았던 좋은 경험이었습니다.

매일 벌어지는 여러 다양한 일들은 우리를 시험에 들게 합니다. 크고 작은 일들 안에서 마음의 평화가 연습되어야 하는 경우가 태반인 것입니다. 그야말로 사소한 일부터 시작해서 우리 마음이 얼마나 평화로울 수 있는지 끊임없이 시험받게 됩니다. 마음의 평화는 인생의 목표가 될 수 있습니다. 그렇다면 행복은 곧 마음의 평화를 의미할 것입니다. 바로 그 중요한 마음의 평화를 위해서 어떻게 마음을 다스려야 할지는 우리의 최대 과제 중 하나 인 것입니다.

예전 회화반에서 휴대폰 관련된 일들이 흔하게 벌어졌습니다. 전화벨이 연신 울리는데도 늦게 받는 분 혹은 수업이 진행되는 상황에서 큰소리로 전화 받는 분도 계셨습니다. 처음엔 불쾌하고 저를 무시하는 행동이라 생각되니 자연스럽게 마음의 평화가 깨지며 화가 일어났습니다. 마음이 흐트러지니 얼굴에 드러날 것이고 그러다보면 그 편안하지 않는 기운이 전체 학생들에게까지 고스란히 전달되어 저로 인해 일순간 분위기가 바뀌게 되었을 것입니다. 핸드폰 사용에 대한 규칙을 정한 후에도 같은 상황은 가끔 이어졌습니다. 그렇다고 그때마다 학생들에게 피해가 될 수 있게 제 마음을 기분 나쁜 채로 방치할 수는 없었습니다. 바로 제가 생각을 바꿔야 하는 것이었지요. 의도적으로 저에 대한 존중을 하지 않기 위해서가 아닌 단지 순수한 의도라 생각을 하니 똑같은 상황을 편안하게 받아들일 수 있게 되었던 것입니다. 어떠한 상황에서도 제 마음의 평화와 더불어 강의실 안에 평화를 위해서.

영어강사로서 수업을 이끌 때와 달리 단발적인 2시간 특강에서 또 다른 예상치 못한 상황을 경험합니다. 아이를 맡길 때가 없어 양해를 구하고 아이들과 참여한 젊은 엄마들일 경우 아이가 울거나 혹은 다른 몇 명의 아이들이 한꺼번에 강의실 안에서 뛰거나, 강의실 안과 밖으로 왔다 갔다 하기도 하며. 어떤 경우는 수업을 듣다가 중간에 나가시는 분도 있습니다. 물론 제 강의가 실망스러워 그러시겠지만. 제 기대와 달리 돌아가는 상황임에도 불구하고 귀한 시간을 내어 참석한 청중들을 희생양으로 만들지 않기 위해서라도 마음의 평화는 연습되어야 할 것입니다. 물론 앞으로 더 다양한 일들이 저를 시험할 것입니다.

지난 봄 일본 열도를 강타했던 쓰나미로 인한 어려움 속에서도 평온을 유지하는 일본인들의 모습이 전 세계인에게 감동을 주었습니다. 그 당시 전 도쿄 근처에 사는 대학친구와 전화통화를 한 후 생각에 잠겼습니다. 그 원자력발전소에서 유출되고 있는 방사선 위험에도 불구하고 빛을 발하는 친구의 평온한 태도가 감동을 줍니다. 대학 때 수석으로 졸업했던 그녀가 장점으로 가지고 있던 침착하고 평온한 태도가 그 당시 공부 할 때도 큰 요소로 작용하지 않았나 생각하게 되었습니다.

전화로 전해오는 일본에 있는 친구의 평온한 음성으로 생각된 이러한 상관관계의 퍼즐이 완성됩니다. 이 일로 20년 전 생각 없이 받아들였던 친구의 침착함이 이제야 새삼 크게 느껴짐이 놀랍습니다. 공부도 잘하는 친구가 그런 훌륭한 태도를 가졌음이 부러우면서도 감동이고 배가 조금 아파오려 하지만 진심으로 박수를 보냅니다. 그리고 그 평온함이 앞으로 닥칠 어떤 상황에서도 유지되기를 기도해봅니다. 분명 그러리라 믿으면서.

학창시절에는 높은 학점을 얻기 위해서 하는 공부를 했기에 재미를 느끼지 못했습니다. 물론 많은 분들이 무슨 공부를 재미까지 느끼며 하느냐 생각하시겠지요. 그 당시 의무감으로 하는 공부였던지라 마음의 평화는 생각지 않고 무작정 의자에 앉아 시간만 축냈습니다. 그런 제가 20대 후반부터 40대 초반인 지금까지 영어공부에 재미를 붙여 누가 뭐라 안 해도 공부하는 습관에서 마음의 평화를 생각하게 되었던 것입니다.

아무리 재미를 붙인 영어와의 사랑에 빠진 저이지만 마음이 평화롭지 않으면 공부는 그저 시간 죽이는 일임을 알게 되었습니다. 지금 이 순간 글을 쓰는 것도 마찬가지입니다. 물론 노력하면 되겠지만 마음이 편안하지 않은 상태에서 글을 쓰는 것은 효율성이 떨어집니다. 고로 마음을 최대한 편안하게 하고 글을 쓰거나 공부를 한다면 그 효율성은 증대한다는 사실을 서른이 지난 후에야 깨달은 것입니다.

영어를 사용할 때 실수를 한 후, 누군가에게 그 실수를 지적 받거나 혹은 함께 있는 다른 사람의 영어실력이 자신보다 더 낫다고 느껴질 때 마음의 평화가 소리 없이 빠져나갑니다. 이때 그 누군가가 우리의 평온을 깨는 원인을 제공했다 불평만 하지 말고 묵묵히 다시금 마음의 평화를 불러들임으로써 다시 오뚝이처럼 일어서는 연습을 하는 것입니다.

인생에서도 어떤 상황이 우리를 시험에 들게 하더라도 아랑곳하지 않고 소중한 마음의 당당한 주인으로서 평온함을 연습해 봅시다. 마음을 편안하게 하는 것은 우리가 그 마음을 잘 헤아려주며 놓아주는 것입니다. 어떤 외부 요인에 사로잡혀 마음을 부여잡고 힘들게 하지 말자구요. 그 마음이 아프면 몸이 덩달아 아파질 수 있으니까요. 혹여 마음이 아프지 않나 잘 귀 기울여주고 어루만져줌으로써 우리를 몸과 함께 지탱해주는 고마운 마음을 최대한 잔잔한 호수가 되도록 돌보자구요. 마음에 있어 세상에서 가장 훌륭한 명의가 있으니 다름 아닌 우리 자신입니다.

마음의 평화로 고마운 아침을 맞이하고 어떤 시험에도 그 마음을 유지하며 세상 속으로 평화의 기운을 전달해 보면 어떨까요? 우리가 먼저 평화의 상징인 비둘기가 되어 가는 곳마다 사랑과 평화가 가득할 수 있도록 해봅시다. 평화의 수호신 여러분! 준비되셨습니까? 마음의 평화를 시험하는 어떤 이들도 그리고 어떠한 상황도 편안하게 사랑으로 받아들일 수 있는 잠재력 나래를 활짝 펼쳐봅시다.

Let's fly!

용서는 마음에 평화를 선물한다

용서하는 자가 마음의 평화를 얻는다고 합니다. 저도 모르는 사이에 마음 깊은 곳까지 생채기를 내었던 이들에게 용서를 구해야 합니다. 저로 인해 마음 아파해야 했던 모든 분들께 용서를 구합니다. 부족했던 저의 언행으로 힘든 시간을 보내게 했던 점 사죄합니다.

누구보다 먼저 용서를 구하고픈 학부모가 계십니다. 이런 이야기를 책에 쓰게 되어 그 분의 상처가 더 덧나게 되는 게 아닐까 싶어 언급안할까도 고민했지만 제가 잘못한 점을 사죄하는 게 마땅하다는 판단에 이야기하렵니다.

복지관에서 만났던 당시 7살이었던 귀여운 아드님에 관련해서 제 소견을 나름대로 조심스럽게 전했다 생각했습니다. 그러나 전문지식이 결여된 제 경솔했던 의견으로 그 어머니가 말씀하셨듯이 태어나 처음으로 깊은 상처를 받게 해드렸습니다. 맞벌이 부부인 관계로 외손자를 데리고 오셨던 친정아버지께서도 상처를 받으셨다 전해 듣고 마음이 무거웠던 그

때를 기억합니다.

　제가 변화되는 과정에서 사려 깊지 않는 소견으로 인해 큰 소리가 오가게까지 했던 사건으로 그 당시는 몰랐지만 시간이 지난 후 제 크나큰 실수로 한 가족에게 큰 피해가 되었음에 깊이 반성하며 사과드립니다.

　인생에서 용서를 구해야하는 많은 부분이 말과 관련된 것입니다. 제 꽁한 마음으로 친구들과 형제들을 괴롭혔던 방법이 말을 아예 안하는 것입니다. 무언가 깨달음을 위한 게 아닌 용서하지 못한 미움의 마음이 침묵으로 표출되면서 사랑하는 사람들을 고문하는 습관이었던 것입니다.

　몇 해 전에 친한 친구한테 일부러 2년간 연락을 안 했던 때가 있었습니다. 제게 했던 말이 서운해 2년간의 침묵으로 그 친구를 용서하지 못했던 것입니다. 그러다 마흔이 되어 결혼하는 저를 위해 결혼 전 친구들을 불러 남편을 소개하는 자리를 가졌습니다. 일 때문에 뒤늦게 왔던 그 친구가 예비 신랑에게 우스갯소리이지만 진심이 담긴 말을 던졌습니다. 그 2년간 제가 다시 연락하기만 숨죽여 기다렸노라고 폭로하며 주위를 웃음 짓게 했습니다.

　저의 이 못된 방법의 이력은 초등학교 1학년 때까지 거슬러 올라갑니다. 저와는 정반대로 다른 급우들의 인기를 한 몸에 받던 친구를 질투해서 보였던 행동으로 그 친구를 힘들게 했던 시간이 제법 길게 갔습니다. 초등학교 6년 내내.

중학생이 된 후 마침내 제 소원대로 그녀를 저의 친한 친구로 만들었는데 때로는 제 나름대로 얄팍한 이유를 대며 그녀에게 침묵으로 불편함을 가했습니다. 간혹 아무 이유 없이도 그 친구 외에 친한 몇 몇 친구들을 상대로 침묵으로 고문했던 시절이기도 했습니다.

그 침묵 습관은 천사 언니에게 사죄하는 과정에서도 있었던 일이기도 합니다. 용서를 구할 일이 많은 제가 오히려 타인이 제게 한 대수롭지 않은 일에 대해 너그럽게 용서하지 못하며 택했던 옹졸한 수단이 바로 침묵이었습니다.

용서하세요. 여러분을 힘들게 하는 타인을 넓은 태평양보다 더 광활한 여러분의 사랑으로 포용하세요. 365일을 몇 번 맞이하고도 힘든 나날로 흘려보내며 미움과 상처로 치유 받지 못한 하루는 행복해야 할 여러분을 혹독한 고통의 철창 안에 가두는 것입니다.

크고 작은 일들에서 경험할 타인과 자기 자신에 대한 용서는 여러분을 더 자유롭고 편안하게 할 것이며 더 큰 사랑을 품는 사람으로 거듭나게 할 것입니다. 악마였던 제가 용서를 구하며 편안한 마음을 알게 되어 감히 여러분께 용서를 말합니다.

이 글을 점검하는 도중 큰엄마께서 전화를 주셨습니다. 추석 전 통화에서 제게 하셨던 말씀이 저를 힘들게 하지 않았나 해서 전화 주셨던 것입니다. 일찍 혼자 되시고 여러 가지 힘든 일들을 겪으시며 마음의 상처를 안고 계시는 큰엄마. 저는 생각지도 않았던 일에 대해 미안하시다며 최근 누군가에게 크게 받은 상처에 대해 용서를 하고 계시는 중이라고 덧붙이십니다. 통화가 끝날 무렵 천주교 신자도 아닌 제가 주제넘게 천주교 신자이신 큰엄마에게 '마음의 평화'라는 말을 건네 드리자 큰엄마도 그런 저를 겸손히 받아 주시며 '마음의 평화'를 재창하십니다. 곧 그 상대를 용서할 것이라는 큰마음까지 함께 전해주시면서.

수화기를 내려놓은 후 마음이 편안해지면서 따뜻해집니다. 어르신이 어린 사람에게 전한 말씀이 혹여 마음어 생채기를 내지 않았나 염려하서 전화 주셨던 큰엄마에게 감사하고 감동받습니다.

큰엄마! 원하시는 대로 조만간 그 용서 이루어지면서 더 깊은 평화가 큰엄마의 크나큰 마음에 굳건히 자리 잡아질 거예요. 사랑합니다.

우리 안에 화를 다스릴 수 있는 힘

화를 내는 것도 화를 참는 것도 좋지 않다는 말이 있습니다. 제 경우 어렸을 때부터 화를 달고 살았습니다. 그게 당연한 것이었고 어린 나이였지만 그게 쿨하다는 생각까지 하며 화내는 것을 정당화했지요. 화를 내고 물론 기분이 그리 좋지는 않았지만 은근히 즐기며 그게 제 자신과 그리고 타인에게 미치는 영향을 깊이 생각지 않고 원래 제 모습인양 고칠 생각 없이 살았던 것입니다.

'화순이'라는 별명이 있던 제가 화내는 습관을 본격적으로 고치기로 했던 것은 아이들에게 영어를 가르치면서였습니다. 물론 아이들을 만나기 전 저를 돌아보는 작업을 시작하며 화에 대해 생각하고 반성하며 나름대로 고쳐갔다고 생각했는데 아이들과의 만남에서 그것은 착각이었음을 크게 깨달았습니다. 아이들을 가르치는 교실은 화를 다스리는 연습장으로써 저에게 크나큰 변화를 마련해준 감사한 곳이었습니다.

아이들에게 있는 대로 소리 지르고 그 전까지 고치려 했던 화를 다스리는 연습이 다시 뒷걸음치며 어린 학생들에게 화를 내는 것을 선생으로서 당연한 것이라 생각하기도 했습니다. 그러나 목소리가 더 커져갈수록 예전에 미처 느끼지 못했던 화낸 후의 기분이 참담해져 갔습니다. 심지어 아이와 함께 소리 경연을 하기도 했습니다.

연수하러 캐나다에 갔을 때 영어를 제대로 못하는 상황에서도 저처럼 학원, 수퍼, 전화국, 은행 등에서 몰상식하게 소리 지르며 항의하는 외국인도 드물었을 것입니다. 좋은 말로 해도 될 것을 먼저 소리부터 크게 하고 보는 한국인 대표주자로서 전혀 손색이 없었습니다. 그 무용담을 자랑스럽게 여기며 말도 통하지 않으면서 그렇게 항의했노라고 한국으로 돌아 온 이후 자랑처럼 떠벌리며 다니기까지 했습니다.

여러분들도 덩달아 부끄러워질 수 있겠지만 제 실상을 보여 드리기 위해 그 중 몇 가지를 소개하겠습니다. 그 당시 한국에서는 선글라스를 끼고 건물내부로 들어가는 경우가 거의 없었지만 캐나다에서는 현지인들을 흉내 내고 싶었는지 습관적으로 쓰고 다녔습니다.

어느 날 은행에 과감히 선글라스를 착용하고 들어간 일이 있었습니다. 은행 창구에서 돈을 찾는 일이었던 것 같은데 직원이 신분 확인을 위해 선글라스를 벗으라 요구했습니다. 좋게 벗으면 되는데 그 당시 짧았던 영어로 발끈하며 소리를 높이며 왜 벗어야 하냐고 항의했던 화순이. 결국 업무방해죄로 입건되지 않기 위해 벗었지요.

자취집에 전화를 놓기 위해 전화국에 신청하러 갔습니다. 생각했던 것과 조금이라도 다를 경우 버럭 하는 습관을 여지없이 발휘해야만 직성이 풀렸던 성격 때문에 또 다시 한국인의 명예를 실추시켰던 또 다른 장소였습니다.

창구마다 사람들이 줄지어 서있는 상황에서 제 차례가 되었을 때였습니다. 다른 도시에서 연수를 할 때와 달리 옮긴 대도시에서 보증금을 원하는 상황이었습니다. 바뀐 신분 때문에 보증금을 내라는 것이었는데 생각할 겨를도 없이 욱 하는 기분에 사람들은 아랑곳 않고 큰 소리로 그 당시 어렵게 알았던 '인종차별'이라는 단어를 고래고래 반복적으로 질러댔던 또 다른 추태. 사람들의 시선이 제게 집중되고 급기야 어떤 직원이 매니저임을 밝히며 제게 급히 다가왔습니다. 자신의 개인 사무실로 예의 있게 예의 없는 저를 데리고 가더니 침착하게 설명해주며 이해를 시켜줬던 일.

극장에 곧 상영되는 영화를 보기 위해 표를 구매 하는 사람들이 줄지어 있는데 직원이 잘못 거스름돈을 준 것에 언성을 높이며 인상도 좋지 않은데 험악하게 한국인의 이미지까지 흐리고 다녔던 일.

여기까지 들으시며 자신들의 일처럼 부끄러우실 사랑하는 대한민국 국민 여러분 죄송합니다. 그렇게 저는 캐나다에서도 지나칠 정도로 화를 자연스럽게 표출하고 다니는 안하무인의 사람이었던 것입니다.

그렇게 한국에 돌아와 아이들에게 어쩌면 당연하게 선생으로서 정당한 권리라 생각하며 화를 내었던 것입니다. 그리고 조금이라도 제게 불편함을 끼치기라도 하거나 공정하지 못할 경우 예외 없이 소리부터 질러댔습니다. 바꾸려 노력은 했지만 여전히 상황에 따라 화를 내는 습관을 유지했던 것이지요.

그런데 문제는 화를 낼 때마다 후유증이 일어나기 시작한 것입니다. 기분은 나빠지고 목소리가 떨리거나 눈 주변의 가벼운 경련, 두통이 시작되는 것이었습니다. 바로 정말 제가 말로만 아닌 행동으로 저를 바꾸어야 할 때임을 보여주는 신호였던 것입니다.

아이들에게서부터 본격적인 연습을 시작했습니다. 화를 내게 한 원인이 아이들에게 있다면서 몰아붙이던 제가 그 상황을 어떻게 받아들여야 할지를 생각하면서 화를 조절하게 된 것입니다.

잠잘 때조차 언니·동생들의 몸이 제 몸에 조금이라도 닿으면 화를 벌컥 냈던 어린 화순이가 타고난 성격이라 간주하며 자연스럽게 화를 냈던 30년 습관을 조금씩 바꾸어 갔습니다. 화를 낸 후 저뿐만 아닌 타인의 기분까지 함께 생각하는 마음의 여유까지 생기고 점차 화를 내는 횟수가 잦아들었습니다. 다른 습관들을 만들어가며 제 변화에 신기해하고 놀라움을 가졌지만 화를 조절하는 것은 제 자신의 변화를 연습해온 것 중 타인을 위해서라도 꼭 필요했던 가장 고마운 것임에 틀림없습니다. 또한 문제의 본질을 알고 바꿔가면서 남들이 말하듯 천성은 못 바꾼다는 말에 반발해 연습으로써 본래의 우리 자신으로 돌아갈 수 있음을 깨닫게 되었습니다.

화는 분명 좋은 것은 못됩니다. 화를 발산할수록 자신도, 주위의 사람들도 피해자가 됩니다. 그리고 저처럼 그게 원래 성격이라고 생각하며 화를 정당화하는 것은 그야말로 더 큰 화를 초래합니다. 물론 화를 무작정 참는 것 또한 좋지 않다는 것은 쉽게 알 수 있습니다.

화는 전염성이 있습니다. 방금 전 남편이 오늘 회사에서 있었던 일을 말합니다. 예전에 읽었던 책을 다시 보며 책에 표시까지 하며 봤던 화에 관한 조언이었는데 바로 오늘 벌어졌던 일로 그 메시지를 입증해 보이기라도 하듯 일을 냈다며 반성하는 남편.

상사에게 받은 화를 자신도 모르게 그대로 부하 직원에게 하게 되고 그런 실수를 하게 된 자신에게 화가 나있는 듯 보입니다. 처음 화를 내기 시작한 이로 인해 기분이 나쁘지만 그것으로 끝나지 않고 그 화가 그대로 제3자에게 전달되는, 그래서 그 제3자 또한 다른 이들에게 전염시켜가는 것입니다.

한 시간 동안 화를 낼 때 뿜어지는 입김에서 추출된 침전물에 80마리의 쥐를 죽게 하는 강한 독성이 있다는 이야기가 있습니다. 극단적으로 화가 우리의 이성을 마비시켜 충동적인 살인까지 가게 한다는 사실을 알기에 충분히 그리할 수 있음을 알 수 있습니다.

주변에 화를 조절하지 못하는 이들이 생각보다 많음을 알기에 악명 높았던 화순이라 불렀던 제가 화에 대한 이야기를 조금 더 풀어 갈까 합니다. 먼저 저의 경험과 관찰로 파악한 화의 원인과 그 화를 다스리는 방법을 제안해 보려합니다.

화의 원인으로 우리의 욕심과 기대가 있을 것입니다. 또 우리가 존중 받지 못한다 생각될 때 생기는 감정이기도 합니다. 원하는 대로 되지 않을 경우 화가 치밀게 됩니다. 또 하나, 우리의 기대에 벗어나는 이들을 대할 경우 혹은 그러한 상황에서 화가 일어납니다. 또한 누군가 우리를 무시한다고 느끼는 순간 화를 불러일으키기도 합니다.

여러분 안에 있는 화의 원인을 파악해 보세요. 그 원인 파악만으로도 여러분의 화 조절에 도움이 되니까요. 혹 여러분은 화를 안내는데 주변 사람 때문에 안 냈던 화를 내게 됐다면 그 상대가 화를 내는 원인을 파악해 보셔도 좋을 것입니다. 그 말은 여러분이 화를 조절할 수 있다는 것을 의미하기도 하니까요. 이렇듯 상호작용으로 상대의 화가 우리를 시험에 들게 하기도 합니다.

제가 화를 다스리는데 가장 도움이 되었던 것 바로 생각의 힘! 감사하게 그 비밀을 배울 수 있었던 책은 제 멘토인 리차드 칼슨의 『사소한 것에 목숨 걸지 마라』. 한국판 제목 그 자체가 흔히 일상에서 생각 없이 습관적으로 할 수 있는 것을 다잡게 해주었습니다. 제가 화를 내는 상황이 그 이유가 어찌됐든 분명 사소한 것에 목숨을 거는 습관이었음을 그 책을 통해 더 깊숙이 진단할 수 있었으니까요. 더불어 화뿐만 아니라 스트레스 혹 마음의 상처 또한 그 근본적인 이유가 사소한 것에 목숨 걸기 때문에 일어나는 것들이 많았음을 발견할 수 있었습니다.

여러분 잠시 읽는 것을 멈추고 과연 얼마나 사소한 것에 목숨을 걸었는지 생각해 보실래요? 강의에서 어떤 분이 말씀하십니다. 그럼 사소한 것에 목숨 걸지 그렇지 않은 것에 목숨 거냐고. 물론 그렇게 생각하는 한 계속해서 사소한 것에 목숨을 걸 수 있을 것입니다. 습관처럼 목숨 걸 필요 없는 작은 일들에 우리는 너무 쉽게 우리의 기분을 담보로 살아왔던 것이 아닐까요. 작은 것들에서 만들어진 습관이 큰 것으로 간다는 것을 아는 우리인데 말입니다.

있는 그대로 받아들이라는 말도 제 화를 다스리는데 도움이 되었습니다. 저의 멘토인 앤드류 매튜와 리차드 칼슨이 '기대를 갖지 말라!'고 함께 강조합니다. 유달리 사람들을 제 잣대에 맞춰 조금이라도 벗어나면 가차 없이 싫어하고 상황이 제 기대와 달리 벌어지는 것을 못 견뎌 했던 저. 그것을 성격이라 말하든 습관이라 표현하든 그런 생각을 달리 하니 화나 스트레스가 사라짐을 발견했습니다.

친구들이 처음으로 주부들을 가르친다 하니 왜 스트레스 받게 그들을 택했냐고 물었습니다. 물론 제가 화를 다스리는 연습을 하는 과정에서 친구들이 생각하는 것처럼 화도 나고 주부를 가르치는 게 스트레스라 생각될 때도 있었습니다. 그러나 내가 남과 같지 않거늘 그리고 내가 기대했던 상황대로 일이 벌어지지 않을 때가 있거늘 그때마다 열 받고 기분이 상할 필요가 없음을 깨닫게 된 것입니다.

그렇게 되니 예전 같으면 생각할 겨를도 없이 곧바로 화나고 스트레스라 생각되던 상황이 이해되고 그럴 수 있다는 식으로 생각되며 더 이상은 부정적인 감정에 사로 잡혀 하루의 소중함을 헛되이 소모하지 않습니다.

성인 학생 분들의 이야기를 듣고 주위를 관찰해 보고 상담을 통해 발견한 공통점이 있었습니다. 결혼생활에 있어서 화를 조절하지 못한 배우자 때문에 갈등이 생길 수 있고 심할 경우 이혼까지 가는 경우가 의외로 많다는 것을 알게 되었습니다. 바로 그들이 저의 또 다른 큰 스승으로서 결혼 전 반드시 화를 다스릴 것을 도와주신 분들입니다.

저보다 먼저 결혼한 친구들의 이야기 또한 저의 결심을 굳히게 했던 부분도 있었습니다. 평소 화를 내지 않았던 친구들이 배우자로 인해 혹 자식들을 키우며 화를 내기 시작하는 것을 보며 화순이였던 제가 결혼 후 제 화로 더 큰 화를 불러일으킬 수 있음을 예견하는 것은 지극히 당연했던 것입니다.

화를 다스리면 행복이 보인다는 말까지 있듯이 제 화를 다스림으로써 주위가 평화로워집니다. 매사 문제를 일으킨다며 싸움닭이라는 말까지 들었던 제가 평화의 중심에서 화를 다스리게 됨이 감사할 따름입니다. 물론 앞으로 어떤 예상치 못한 상황에서 시험에 들 수도 있기에 겸손히 마음을 다스려야 할 것입니다.

화를 다스릴 수 있는 힘 또한 우리 안에 있습니다. 항상 같은 상황에서 습관적으로 치솟던 화를 생각의 변화로 따뜻하게 감싸 안을 수 있는 우리! 일터에서 만나는 사람들, 자식 혹은 배우자 때문에 화가 난다 여겼지만 이제는 그들 덕택에 화를 다스릴 수 있는 힘을 발견할 수 있는 것입니다.

우리의 마음에 화를 담고 있을 때에는 수많은 소방차가 와도 아무런 소용이 없습니다. 소방차보다 더 강력하게 그 불을 끌 수 있는 것, 그것은 바로 우리 안에 있는 사랑입니다. 사랑만이 화의 불씨를 완전히 잠재울 수 있음을 발견하세요.

화야! 우리가 간다, 너를 온전히 감싸 안을 사랑을 가득 품고서!

모든 이의 평화와 사랑을 위해

서로 사랑하고 모든 사람이 조화를 이루는 곳에 가장 큰 선이 존재한다. — 톨스토이

초등학교 때 잠들기 전 엉덩이를 천장을 향해 들고 머리를 방바닥에 바짝 대고 기도를 했습니다. 어린 맘에 알게 모르게 부모님이 이혼 할 수도 있다는 불안한 생각으로 인해 기도를 시작하게 되었습니다. 종교도 없이 그저 행복한 가족을 위해 기도할 때였습니다.

아마 그 기도는 청소년기에 끝나고 30대에 접어들어 기도 내용이 바뀌며 다시 본격적으로 시작하게 되었습니다. 저를 바꾸는 과정에서 자연스럽게 찾아온 기도였지요. 저를 위한 기도가 아닌 타인을 위한 기도로 바뀌게 되었습니다. 저의 기도는 종교를 갖고 계신 분들과 차원이 틀리지만 습관처럼 짧은 시간 매일 누군가를 위한 기도를 하고 있습니다.

나 자신을 위한 기도가 아닌 타인을 위한 기도는 제가 연민의 정으로 그들의 입장을 생각하게 하는 의식이기도 합니다. 가끔 길거리에서 만난 낯

선 이들을 위한 기도로 나 아닌 타인을 보듬게 됩니다.

8년간 영어강사로서 교실에서 두 학생의 기도를 지켜보게 되었습니다. 복지관에서 수급자 자녀에게 주는 혜택으로 수업을 무료로 받게 됐던 당시 초등학교 3학년 학생. 다른 학생들이 오기 전 일찍 왔던 그 학생이 눈을 감더니 기도를 올리는 것이었습니다. 첫 경험이었지만 그 모습 자체가 아름다웠습니다. 기도를 마친 학생에게 물었지요. 왜 기도를 했는지. 교회 선생님께서 수업 전 기도를 하면 더 용기 있게 잘 할 수 있다는 말씀에 하노라고 수줍은 미소와 함께 답변합니다.

두 번째 경우는 어학원에서였는데 그때도 수업 전 다른 학생들보다 일찍 오셨던 중년의 학생 분이었습니다. 첫 경험 후, 두 번째 그것도 성인에게서 그 기도를 수업 전 목격한지라 간만에 새로운 감동이 전해지는 순간이었습니다. 그 기도 모습을 바라보는 저 역시 편안함이 전해져 오면서 그 분에게도 같은 질문을 하게 됐습니다. 그 분의 답변이 더 감동적이었던 이유가 본인, 저 그리고 반 모두를 위해 기도했노라고 전하시면서 사랑 가득 미소를 보이셨기 때문입니다.

어떤 계기로 타인을 위한 기도를 시작했는지 모르겠지만 분명 주변에 그렇게 앞서 했던 분들의 본보기를 보면서 자연스럽게 습관을 만들었다 생각합니다.

TV에서 본 후 잊히지 않고 뇌리에 남았던 두 분이 있습니다. 불치병으로 침대에서 움직이지도 못하는 상황에서도 같은 희귀병의 환우들에게 사랑나눔을 실천하는 전직 운동선수. 그리고 30중반 치매에 걸린 어느 주부. 그분들을 위해 기도했던 4~5년간의 경험은 저에게 분명 특별하고 감사한 시간이었습니다.

여러분 중 종교를 가지고 계신 분들은 제가 누구에게 하는 기도인지 의아해 하실 수도 있을 것입니다. 실제 어떤 친구는 제가 기도한다고 했을 때 그 질문을 하기도 했습니다. 비록 종교를 갖고 있지는 않지만 어떤 식이든 기도를 드린다는 것은 의미가 있다고 믿으며 가끔 방문하는 성당이나 혹은 절에서 기도를 드리기도 합니다.

지금 글을 쓰는 책상 위에는 십자가의 예수님이 의자 뒤에는 성모마리아상이 있습니다. 식탁 옆에는 부처님과 성모마리아상, 예수님상 등 작은 상들이 한 곳에 옹기종기 사이좋게 있습니다.

강의에서 다양한 종교를 가진 학생들을 만나보았습니다 스님과 목사님까지. 특히 작년 특강에서 처음 만난 이슬람교도들과의 반가운 만남이 기억에 남습니다. 이태석 신부님의 다큐멘터리 영화가 종교를 초월해 많은 이들에게 감동을 주었듯이 어느 인도영화가 각 종교의 성직자들을 한자리에서 모이게 했습니다. 바로 저에게도 큰 감동을 주었던 〈내 이름은 칸〉이란 영화. 종교의 사랑과 화합의 메시지를 담은 이 영화 덕택에 이슬람교를 간접적으로 접하게 되었고 종교에 대한 시각을 더 넓힐 수 있는 계기가 되었습니다. 이제는 이슬람교 관련 상도 식탁 옆에 다른 상들과 어우러지게 할 때인가 봅니다. 영화로 인해 함께 자리하셨던 감사한 성직자들처럼.

저를 이상하게 볼 수도 있겠지만 모든 종교는 존중 받아 마땅하기에 한 곳에 그 상들을 모아두는 것입니다. 그리고 각 종교의 성직자들과 종교인들의 사랑과 평화를 담아 그 상들을 향해 기도합니다. 2000년부터 12월 24일 저녁이면 명동성당 뒤뜰에 있는 성모마리아상을 찾습니다. 이유가 다소 거창할 수도 있으나 바로 세계의 평화를 위한 기도를 하기 위해 가는 것입니다.

감사한 오늘도 모든 분들에게 마음의 평화와 사랑을.

문구점 뜸부기 아저씨

자질구레 울긋불긋 학용품을 겨우 비집고 들어 갈

여섯 평 남짓 쪽방 같은 느낌 공간에서 앞만 바라보는 아저씨

20년 넘게 한결 같은 모습으로 그 동안 열심히 사셨습니다

뚝부기 아저씨 이제는 웃어요 하하

만족하라

만족하며 산다는 것은 마음의 평화를 함께 가져오는 일이라 생각합니다. 목표를 향해 가는 것은 좋으나 미래를 위해서는 현재 지금 이 순간에 있어야 함을 잊습니다. 지금 이 순간의 소중함을 알면서 감사한 하루를 보내는 것 자체만으로도 우리는 충분히 만족한 삶을 살 수 있습니다.

늘 만족보다는 욕심으로 끝도 없는 불만을 토로하고 제대로 잘 되어가는 것보다 잘 되어가지 않는 것에 집중하다 보니 부정이 긴 꼬리를 물고 '만족'이라는 단어는 우리 안에 없을 때가 많습니다. 강의에서 만나는 많은 이들을 보면 예전 제 모습을 보는 것과 같은 분들을 만나는 경우도 많습니다. 분명 우리가 보기에는 영어실력은 물론이거니와 인생에 있어서도 마땅히 행복해야 할 분들이 끊임없는 욕심으로 행복을 멀게만 여기시는 분들이 계십니다. 참 재미있는 사실은 다른 이들에게는 만족으로 이미 채워졌다며 말하는 분들조차도 자신의 이야기를 할 때는 그 욕심이 여지없이 행복을 방해합니다.

영어를 다시 시작한 후, 여전히 부족한 실력이지만 영어 사랑에 푹 빠져 충분히 즐기며 만족해하기도 했습니다. 그러다 저보다 잘하는 강사들을 방송매체를 통해 보게 되면 갑자기 놀부 심보가 제 안에서 꿈틀거리며 자신감이 저하되고 영어만족도도 덩달아 땅바닥에 곤두박질치는 경험을 종종 겪었습니다.

그런 경험을 통해 남과의 비교로 인해 오는 불만족이나 마음의 평화가 깨지는 근본적인 원인은 단지 제 생각에서 비롯된 것임을 알게 되었습니다. 그 생각을 바꾼다면 굳이 누군가로 인해 나의 기쁨을 희생시킬 필요는 없다는 것입니다. 혹여 누군가의 실력이 나보다 낮다면 그들이 그 결과를 위해 얼마나 열심히 씨를 뿌렸겠나 하는 생각을 하며 제 놀부 심보를 다독여 보았습니다.

끝이 없는 욕심을 다스려보세요. 여러분이 현재 가지고 있는 영어 실력뿐 아니라 인생이 행복으로 가득 넘쳐날 것입니다. 만족하는 습관으로 발전이 없을 거라 생각하실 수 있지만 오히려 스트레스 없이 매 과정을 즐김으로써 향상되어가는 것을 발견 할 수 있습니다. 먼저 만족합시다. 바로 이 순간 우리가 가진 것에!

저는 이런 만족의 습관을 만들기 이전에는 불만족의 대명사였습니다. 대학교 4학년이던 해 12월, 졸업하기 전 극단에서 기획일을 하고자 워크숍 단원으로 활동을 시작하여 이벤트 회사에서도 근무하고, 연극기획에 필요한 영업력을 키우려 보험도 해봤습니다.

일단 쉽게 마음 가는 대로 시작은 하지만 마음에 안 드는 것이 발견되면 즉시 그만 두기를 밥 먹듯 했습니다. 남들은 제 용기에 부러워했지만 사실 저는 불평불만으로 가득 찬 20대를 보냈습니다.

어느 날 가족들과 모여 있는 자리에서 서울에서 함께 자취했던 동생이 그 당시 저의 모습들을 들려주었습니다. 확실히 만족하지 못하는 저였음을 다시 한 번 확인했습니다. 제가 원하는 대로 직업을 얻은 후 며칠 안 돼 집에 와 울면서 힘들다 불평을 늘어놓는 게 일쑤였다는 것이었습니다.

사람을 대하면서 사람에게 '질린다'는 표현을 쓰던 시절도 있었습니다. 갑자기 좋아하던 사람도 싫어지게 되면 얼굴조차도 보기 싫어졌습니다. 좋은 점보다 안 좋은 점이 크게 확대되어 보이면서 일어난 현상이었습니다. 있는 그대로 보지 못하는 성격이 불평불만투성이로 몰아갔던 것입니다. 또한 아주 어렸을 때 식욕뿐 아니라 매사를 경쟁 관계 틀에다 두고 누군가와 저를 비교하며 불만족을 달고 다녔습니다.

앞에서 언급한대로 영어를 다시 시작하고 사랑하는 영어덕택에 신나던 시기가 지나니 자연스럽게 욕심이라는 게 들어오기 시작했습니다. 회화 강사로서 저보다 잘하는 강사들을 보면 욕심이라는 것이 슬며시 저를 포위하며 혼자 잘 즐겨오며 만족했던 습관이 불만족에게 자리를 내주게 되었습니다.

이야기는 거기서 끝나지 않고 7가지 습관이 뒤로 가기 시작합니다. 남과 비교로 시작된 것이 긍정적으로 받아들여지면 상관없으나 그렇지 않고 비교 전보다 못한 감정 상태로 흐른다는 것은 하나의 적신호입니다. 그렇게 7가지 습관의 균형이 깨질 때면 다시금 저에게 주문을 외웁니다. 괜찮아! 다시 연습 시작!

불만족은 스트레스를 만드는 원인이기도 합니다. 온종일 만족하지 않고 불평으로 가득한 하루와 그렇지 않게 보낸 하루는 긍정적이고 부정적인, 감사하고 그렇지 않고의 차이처럼 분명한 차이를 보입니다.

영어실력이 있는 데도 자신의 실력에 만족하지 못하고 계속 채워지지 않는 욕심을 위해 노력하는 사람이 있습니다. 남들은 대단하다고 칭찬하지만 본인만은 만족하려 들려 않습니다. 그리고 계속 자신을 다그칩니다. 물론 실력이 향상될 수는 있으나 즐기지 못하는 상황에서 스트레스는 쌓여만 갈 것입니다.

일에 있어서도 마찬가지로 즐기지 못하며 자신을 돌아볼 시간 없이 열심히 앞만 보고 성공 가도만을 쫓는다면 만만치 않은 스트레스가 자신을 더욱 힘들게 옥죄일 수 있습니다. 설령 성공을 거두었더라도 끝없는 욕심으로 그 성공마저도 기쁘게 받아들여지지 않을 수 있습니다. 혹 짧은 시간의 축배로 끝나고 공허함이 밀려올 수 있습니다. 그리고 끝없는 욕심으로 또 다른 성공을 향해 달릴 것입니다. 남들은 부러워해도 자신은 힘든 그 과정에서 스트레스를 달고 사는 것을 당연하다 생각하며 끝도 없는 목적지를 향해 달릴 것입니다. 어느 순간 모든 것이 잘못되었다 스스로 깨달을 때까지.

바로 제 이야기가 될 뻔했던 시나리오였습니다. 영어의 바다에 빠지고 그 영어로 인해 행복이 왔다 착각하며 그 영어만을 위해 살았던 시간. 좋아하는 일을 찾았다는 사실이 행복했지만 삶의 균형을 잃어가는 저에게 문제점이 드러나기 시작했던 것입니다.

어느 순간 욕심에 눈멀기 시작하더니 잠재웠던 불만이 고개를 들어 저에게 '조금만 더'를 강요하며 현지인들과 똑같은 완벽한 영어를 목표로 세우라고 다그쳤습니다. 그 과정에서 무언가 내려놓아야 함을 깨닫게 된 것입니다.

'그저 내게 영어가 온 것만으로도 고맙고 영어를 할 수 있는 그 날까지 즐기며 가리라.'

이 생각은 불만족으로 기울던 영어에 대한 마음을 바로 잡고 만족의 영어로 유턴했던 제 경험담입니다.

습관을 바꾸는 캠페인에 도전해 포기하지 않고 성공한 사람들의 이야기를 어느 미국 목사님의 책에서 접하며 놀라운 발견을 했습니다. 한 목사님께서 신도들에게 보라색 팔찌를 나눠주는 것으로써 시작된 '불평 제로 세상' 캠페인은 종교를 초월해 세계 각국으로 확산되며 여러 사람들에게 불평하는 습관을 바꿈으로써 행복을 만나는 계기를 만들어 냈습니다.

'만족을 위한 습관'이 아닌 '불평을 하지 않는 습관'을 만들기 위함이었던 캠페인에서 만족뿐 아니라 긍정적인 생각, 감사, 미소 등의 습관을 덩달아 얻게 되었던 것입니다.

우리 모두는 무의식속에서 생각과 말과 행동을 반복합니다. 바로 습관인 것입니다. 예전 습관을 바꿔 새로운 습관을 만들기 위해 얼마나 많은 실패가 뒤따를까요. 실패가 없다는 것은 오히려 이상한 것입니다.

이 책에서 언급하는 7가지 습관 외에도 다른 것들에 대한 습관들을 포함한 모든 것들을 연습하기 위해 저는 무수한 실패를 경험했습니다. 물론 지금도 경험중입니다. '아 이제 이 습관을 확실히 만들었구나' 하면서도 불쑥 예전 습관을 보이기도 합니다.

누구나 순간순간 자기 자신에게 실망할 때가 있지만 마음을 추스르고 일상 속에서 겸손하게 연습해야 합니다. 뒤로 가면 다시 앞으로 힘차게 전진하면서 말입니다. 한 목사님의 제안으로 많은 사람들이 몇 개월 혹은 몇 년에 걸쳐 자신들이 원하는 삶에 필요한 태도를 위해 끊임없이 도전했습니다. 원하는 것이 이미 만들어진 후에도 상기하는 차원에서 계속 팔찌를 착용하는 사람들도 있었습니다.

어제 엄마가 시장에 다녀오신 후 이야기를 전합니다. 정육점 총각들이 커다란 파마 가발도 쓰고, 예전 어머니들의 알록달록 '몸빼 바지'라는 것도 입고서 웃음과 함께 고기를 재미나게 판다고 하셨습니다. 어제 만난 그곳 총각이 목에 무언가 쓰인 것을 두르고 있었는데 자신이 27살이라며 결혼 좀 시켜달라는 문구였답니다. 그러면서 엄마께 27살로 돌아가고 싶으신지 묻더랍니다. 엄마가 지금이 너무 좋고 만족스러운데 왜 27살로 돌아가느냐 웃으며 답하시니 그 젊은 친구가 놀라며, 지금까지 만났던 어르신들한테 처음 듣는 답변이라 했다 합니다. 물론 그 말에 엄마가 더 좋아하시는 듯 보였습니다.

영어와 인생에 행복을 느끼지 못하세요? 그렇다면 여러분의 만족도가 낮을 가능성이 클 것입니다. 인생을, 그리고 영어를 표현하는 여러분의 언어를 확인해보세요. 분명 만족보다 불평의 목소리가 커 있는 자신을 발견할 것입니다.

일부러라도 나오는 불평을 잡아보세요. 입 안에서 밖으로 나가기 직전 붙들어 보는 연습을.

100개의 불평이 80개로, 다시 60개가 되고 설령 70개가 되더라도 포기하지만 않으면 결국엔 불평도 백기를 들며 여러분 안에 있는 만족과 자리바꿈을 하며 끝없는 잠에 빠질 것입니다. 물론 가끔은 잠이 덜 깨어 몽유병 걸린 것처럼 돌아다니기도 할 것입니다. 그저 귀엽게 봐주셔서 다시 잠재우세요. 말로만 연습하여 생각 안에 불만족이 살아있을지라도 그 또한 함께 잠재워질 수 있으니 여러분의 잠재력을 즐겁게 쏟아 부어 보세요.

지금 "이게 무슨 소리야" 라는 불평이 간질간질 나오려 한다고요? 소화 가능하니 혀를 살짝 깨물더라도 그 불평을 삼키세요. 그리고 모나리자의 미소보다 더 빛나는 여러분의 미소를 날려 주시며 긍정의 말을 꺼내 보십시오. "이거 해볼 만한 시도인 걸~"

이것이 바로 여러분 안에서 오랫동안 잠들었던 만족이를 만나는 연습이
시작되는 순간입니다.

열등감에 사랑의 날개를 달자

사람들은 제가 자신감이 넘쳐 보인다 말합니다. 제가 무엇이 잘나서 그렇겠습니까? 가진 것이 많아서? 혹 아는 게 많아서?

가진 게 없어도, 아는 게 많지 않아도 자신감을 만들어내는 연습을 해온 덕택일 것입니다.

20대 중반 쯤, 어느 유명한 전직 앵커 앞에서 브리핑을 해야 할 일이 있었습니다. 얼마나 긴장했던지 함께 갔던 사장님이 눈치 채고는 그 날 이후에도 한참을 놀리셨습니다.

20대 때는 박식한 분들 앞에 서면 유달리 자신감이 없던 저였습니다. 강의실에서 만나는 학생들 중 석·박사출신이나 의사·교수 분들 등등 예전 20대 시절 제 공포의 대상들이 제법 계십니다. 예전에 없던 지식이 생겨서 지금 그분들 앞에 자신감이 생긴 것은 아닙니다. 물론 영어가 그분들보다 낫기 때문이라고 생각하시겠죠. 그러나 가끔 영어실력으로 볼 때 저보다 나은 학생들도 접합니다.

지금 여러분이 어떤 상황, 어느 위치에 계셔도 무조건적인 자신감을 잃으면 안 됩니다. 누군가의 칭찬 혹은 격려가 없을 지라도 여러분 자신이 최고의 지지자로서 스스로를 격려하며 누가 뭐라던 일부러라도 자신감을 만들어 보이는 연습을 해보세요.

자신감이 넘쳐 오만할 필요는 없지단 자신감을 미리부터 멀리해서는 안 됩니다. 조건 없는 자신감을 연습하면 더 큰 힘이 따라오게 됩니다. 바로 우리의 잠재력이 활개를 치며 발산되는 것입니다.

어렸을 때 혀가 짧아 국어 시간이 무서웠던 때가 있었습니다. 책을 읽을 때 제 스스로가 혀 짧은 소리가 더 심하게 난다는 생각에 자신감이 저하되었던 것입니다. 외워서 할까 생각해본 적도 있으나 선생님께서 어떤 대목을 시킬지 모르니 그저 두려움 속에서 선생님의 호명이 없기를 바라던 시절.

눈초리가 올라가 인상이 좋지 않음을 알고 불만에 휩싸여 사춘기를 보냈던 저이기도 합니다.

그런 제가 대학 시절 연극 동아리에서 무대에 올라야 하는 상황을 맞이했습니다. 혹여 관객들이 눈초리가 올라가 있고 거기에 혀 짧은 소리까지 가진 저를 비아냥거리면 어쩌나 두려워하기도 했던 때였습니다. 그러나 당당히 부딪쳤던 그 연극 무대가 제게 열등감에서 벗어 날 수 있는 기회를 마련해주었습니다. 서른세 살에 영어강사가 된 후 그 이듬해 아이들 수업을 처음 맡게 되었을 때도, 연극 무대에 처음 올랐을 때의 기분처럼 두려움이 살짝 고개를 들기도 했습니다.

늘 영어로만 말하는 저를 보다가 어느 날 수업 전 만난 어린 학생에게 한국말로 인사를 하니 "선생님 한국사람 아닌 것 맞네. 한국말이 이상해." 하며 깔깔 웃더군요.

'그래 영광이다' 짧은 혀가 이렇게 오해 받는 것도 나쁘지 않다는 생각에 저도 웃음이 났습니다.

콤플렉스로 자신감을 상실해 보는 경험도 좋을 듯합니다. 잘났다 생각하는 것보다 무언가 자신 없는 부분이 있음으로 인해 겸손해질 수 있고 남의 콤플렉스를 이해할 수 있음이 감사합니다. 아울러 오랜 동안 자신의 부정적인 생각이 콤플렉스를 더 심각하게 부풀리는 경향을 알아차리고 콤플렉스에서 자유로워지며 그 콤플렉스가 오히려 장점으로 혹 그로 인해 더 노력을 기울일 수 있음을 알아가야 할 것입니다.

오랜 동안 자신감 없던 이유가 남모르게 비밀로 간직했던 그 무언가에 대한 콤플렉스 때문이었나요? 이제껏 불쌍하게 철창에 가둔 것으로 충분하니 이제 자유를 만끽하도록 날려 보내세요. 우리들 생각의 틀 안에서 더 심각하게 몰아갔던 콤플렉스를 인정하고 정면승부를 걸어 보는 것입니다. 남의 콤플렉스가 아닌 자신의 콤플렉스를 유머의 소재로 삼아 타인도 자신도 가볍게 받아들이는 우리가 충분히 될 수 있으니까요.

　제가 이렇듯 저의 콤플렉스를 이야기하게 된 것은 그리 오래지 않습니다. 비밀인양 무겁게만 느껴왔던 것을 가벼운 것으로 바꾸니 강의에서도 웃음 포인트랄까요. 인생의 콤플렉스가 오히려 효자가 되었고 더 큰 자신감을 선물합니다.

　콤플렉스와 사랑에 빠지게 된 6년 전쯤, 수업에 일찍 온 일곱 살 정도의 아이가 제게 질문을 했습니다.

　"선생님 오이 좋아하지요?"

　"그럼 좋아하지."

　"아 그래서 얼굴이 길구나!"

　신기하게 그 긴 오이가 갈수록 턱과 함께 성장을 계속하네요. 그리고 동생이 지적한 7각형인 듯 희한한 얼굴형까지…. 그런 콤플렉스 많은 저를 더 사랑하려고요.

　고맙다 콤플렉스야!

토끼를 재우고 거북이로

완벽주의 뒤에는 늘 두려움이 도사리고 있다. 두려움에 맞서 인간의 권리를 찾는다면,
역설적으로 당신은 훨씬 더 행복하고 더 생산적인 사람이 될 수 있다. - 데이비드 M 번즈

완벽주의자인양 욕심은 하늘을 찌르고, 불평불만의 고수요, 눈꼬리가 올라가 인상은 좋지도 않은데다 미소까지 없고, 거기에 부정적이며 매사 감사할 줄 모르면서 화를 달고 사니 마음의 평화란 찾아볼 수 없었던 성급한 토끼. 자신만 잘난 줄 알고 사람을 무시하며 타인과 자신을 어떻게 사랑해야 하는지도 모른 채 양쪽을 힘들게 하며 살아왔답니다. '유아독존'이라는 이야기도 들으면서.

그런 토끼가 실수를 즐기고 만족하며 비록 인상은 좋지 않으나 미소 가득한 얼굴로 긍정적으로 생각하며 매사 감사함을 달고 다니려 합니다. 그리고 늘 마음의 평화를 목표로 자신을 한없이 사랑하며 아울러 타인을 있는 그대로 받아들이려 노력하는 사랑을 담아 느긋한 거북이로 탈바꿈했답니다.

여전히 갈 길이 멀지만 서두르지 않고 매 순간 즐기는 여정을 만들어 가는 그 거북이는 말합니다. 우리 안에는 토끼와 거북이가 함께 공존하며 우

리의 부름에 따라 바깥세상으로 나와 우리를 만들어 가노라고.

바로 저의 이야기입니다. 영어와 더불어 인생에서 세상에 나가 있던 토끼를 잠재우고 거북이로 선수 교체하면서 벌어진 일입니다. 여러분 모두의 이야기가 될 수 있음을 아직도 갈 길이 많은 이 거북이가 응원합니다.

그림을 새롭게 시작하는 사촌 동생에게 거북이가 되라고 주문합니다. 토끼보다 거북이가 되어 가는 인생은 생각하는 것 그 이상으로 편안하고 즐겁습니다. 재능이 있다 한들 욕심에 눈이 멀어 조급하게 성과를 얻으려 한다면 그 여정은 즐거움 대신 스트레스 속에서 포기하기 십상일 것입니다. 그리고 남들은 부러워할지언정 본인의 행복은 끝없는 욕심 때문에 널뛰기를 할 것입니다.

여러분은 토끼 쪽에 가깝나요? 혹 거북이쪽에 가깝나요? 만약 토끼를 뛰놀게 하셨는데 마음만 급하고 평안하지 않으시다면 여러분 안에 있는 거북이에게 세상구경을 시켜주면 어떨까요? 자신들의 전문분야에서 욕심을 갖는다는 것은 곧 발전을 의미한다고 말합니다. 그러나 꼭 최고가 되지 않더라도 평안한 상태에서 욕심을 비우고 간다면 매 순간을 즐기는 과정에서 어느새 향상된 자신을 맞이할 수 있습니다. 설령 발전이 더딜지라도 마음의 여유를 연습하며 나아가는 것입니다.

다시 영어를 시작한 후 영어 때문에 행복해 흥이 날수록 알게 모르게 욕심이 생기기 시작했습니다. 급한 마음도 덩달아 생기며 저도 모르게 토끼가 되어 감을 알게 되었을 때 마음 상태는 불안했습니다. 그러나 욕심을 비우고 평정을 되찾으면 이내 마음이 평안해져 느릿느릿 천천히 꾸준히 가자고 다짐하며 거북이로의 변신이 즐거워집니다. 물론 거북이가 다시 토끼로 교체되기도 하지만 그럴 때마다 다시 토끼를 안으로 잠재우면 그만입니다.

공자는 이렇게 말했습니다. "아는 것은 좋아하는 것만 못하고, 좋아하는 것은 즐기는 것만 못하다.知之者 不如好之者, 好之者 不如樂之者" 영어에서 재능이 없다고 말하기에 앞서, 설령 재능이 없을지라도 꾸준히 즐기며 거북이처럼 천천히 가는 거예요. 공자께서 말씀 하셨듯 힘들게 생각했던 영어와 인생에서도 그저 즐겨보세요.

어떻게 즐기냐고요? 생각하고 행동하세요. 잠재력 가득한 여러분은 분명 할 수 있습니다.

Birth? Death

강의에서 가끔 칠판에 쓰고 묻는 것입니다. 답은 Choice! 삶과 죽음 사이에 바로 '선택'이 있는 것입니다. 태어나서 죽을 때까지 끊임없는 선택을 해야 하는 우리입니다. '거북이로 사느냐 혹은 토끼로 사느냐'는 우리의 선택인 것입니다. 믿는 대로 된다고 하듯이 설령 토끼라 믿고 사셨다해도 행복하다면 그것으로 족합니다. 그러나 토끼로 살다 보니 행복이 멀게만 느껴진다면 단지 우리의 선택만으로도 거북이로서의 삶으로 변신 가능합니다.

여러분이 원하는 길을 가고자 할 때 여러 소리가 있을 것입니다.

누가 뭐라 해도 여러분 스스로가 만들어가는 행복한 길 위에서 주위와 소중한 자신을 돌아보며 천천히 그 과정 과정을 즐기셨으면 합니다.

여기서 잠깐!

그래도 거북이로 연습하며 살다 가끔 귀를 쫑긋 세우고 밖으로 나오려 하는 토끼 녀석을 어떻게 하냐고 묻고 싶지 않으세요? 사랑 천사 여러분의 자비를 베푸셔 거북이에게 쉼을 준다 생각하시고, 귀여운 토끼 녀석에게 잠시라도 세상 구경을 시켜주세요.

고마운 하루야 사랑해

매일매일 행복하게 살다 보면 영원히 행복하게 사는 것도 가능해진다. - M. 보나노

20대와 30대를 한국과 일본을 오가며 거침없이 도전하고 치열하게 자신의 일을 위해 살았던 그녀. 그렇기에 자신의 분야에서 이룬 성공이 값지게 다가왔을 것입니다. 그런 가운데 가정불화로 인한 이혼은 성공 가도를 달리던 그녀를 흔들었습니다. 그러나 다시 일어나 자신을 찾아가는 과정에서 진정한 행복의 의미를 깨닫게 됩니다. 일하는 동안 소홀했던 딸을 위해 기꺼이 희생하며 못다 했던 사랑을 전하려 누구보다 아름다운 삶을 긍정적으로 만들어갑니다. 일에 앞서 가족의 소중함을 알게 된 그녀가 말합니다. "맞아요. 바쁘게 살면서 하루의 소중함을 잊고 살았던 것 같아요."

먼 미래에 바라는 바가 이루어져 행복이 찾아온다고 믿으며 소중한 하루를 당연시하며 너무 쉽게 무시하지 않나요? 너무 익숙한 관계이기에 사랑하는 가족의 소중함과 고마움을 잊어버리듯이.

예전 같으면 '무슨 하루의 소중함?' 하며 콧방귀 긴 채 늘 미래를 염두하며 계획 짜는 데만 여념이 없었습니다. 물론 미래를 설계하는 것이 중요

했지만 그 미래에 바로 '오늘'이라는 하루의 개념은 철저히 무시된 채 살았던 삶이었습니다.

오늘 하루 정도야 하며 저 자신을 힘들게 하고 덩달아 남을 괴롭히며 살았던 날들. 그 하루가 모여 많은 날들이 그렇게 흘러갔건만 개의치 않고 마구 시간을 죽였습니다. 긴 인생의 그 정도 낭비쯤이야 생각하며. 물론 그런 과거를 부정도 안하고 후회도 안합니다. 그런 날들이 있었기에 이 깨달음이 더없이 소중하고 고마운 것이니까요. 아직 오지 않은 미래에 있지 않고 현재 바로 이 순간을 중요하게 해준 고마운 공로자인 과거.

2년 전, 나이 마흔에 결혼한다고 하니 성인 학생 분들이 더 기뻐해주고 축하해주셨습니다. 그리고 같은 말들을 하셨지요. "얼마나 행복하시겠어요?" 물론 행복하지요. 얼마나 감사한 배우자를 만났는데 행복하지 않겠습니까. 그리고 제게 와 준 고마운 남편의 배우자가 되는 것이 어찌 행복하지 않겠습니까?

그런데 결혼 전 저 자신을 들여다보고 변화하며 하루하루 행복하려 연습했던 사실을 저보다 더 좋아해주었던 학생들에게 그리고 제 영원한 짝꿍에게 어찌 말할 수 있었겠습니까? 그저 능청스럽게 잘 아시면서라 말할 수밖에.

결혼한 지 1년이 채 못 되었을 때 유도 외삼촌을 좋아하는 조카에게 장난 식으로 삼촌이 이제 외숙모랑 결혼해 행복할 거라 말했습니다. 어리지만 배려 있는 태도로 저에게 많은 가르침을 주는 조카

 순간 조카의 말에 놀라면서도 한편으로는 이미 예상했던 바와 어긋나지 않음을 확인했습니다. 저를 만나 행복하다고 속삭였던 애교 많은 남편의 숨겨온 진실이 싫지 않고 오히려 깜찍하고 고마웠기에 재미나기도 했습니다.

물론 저는 남편과 차원적으로 다릅니다. 태어날 때 모두가 행복했다고 하는 말을 어떤 힘든 상황에서도 지켜왔던 그와 심하게 비틀렸다 본래의 모습을 찾기 위해 연습하는 저.

우연히 이 글을 쓴 후 전철 안에서 하루의 중요성에 대한 글을 발견했습니다. 우리와 같은 평범한 사람들이 전철공모수기에서 상을 받은 생활 속 따뜻한 글을 소개합니다.

중학교 때 아버지의 사업 실패로 결석이 많았던 주인공. 어느 날 담임이신 영어 선생님께서 조용히 불러 차비라며 손에 돈을 쥐어주시고 결석하지 말라며 인자하게 미소 지어 주셨답니다. 영어 수업 시간마다 창문 밖 태양을 보며 "오늘 뜬 태양은 다시 떠오르지 않는다."라 말씀하셨던 선생님. 바로 인생의 전환점을 마련해주신 것입니다. 그리하여 주인공은 오늘이 지나면 다시 오지 않는 '오늘에 대한 소중한 진리'를 그때 깨닫고 하루를 소중히 만들어가노라고 했습니다.

매일 반복된 생활을 하고 하루를 마감 짓는 우리들도 그 똑같은 일상에 숨겨진 보석들을 찾아보았으면 합니다.

웃음 없이 보내는 하루가 없도록 하라는 말이 있습니다. 비록 힘든 상황
일지라도 잘 살고 있는 우리에게 응원의 미소를 날려보세요. 다른 누가 알
아주지 않다 하더라도 감사한 하루 참 애썼다 칭찬해주며 고맙다고.

싸랑하는 할머니

시장에서 알바 뛰면서

저녁이면 구석 구석 치우시고

남의 가게 뒷정리까지 해주시고

천사가 따로 없다.

"할머니 왜 돈 벌어?" 묻는다

"놀면 뭐 해."

일 하면 안 아프시다며

누구를 위해서가 아닌 자신을 위해서

사신다는 81세 할머니!

싸랑하는 할머니 건강 하세요 100세까지 핫팅!

감사하라

감사할 줄 모르는 자들을 벌하는 법을 따로 세우지 않는 까닭은 감사할 줄 모르는 자들은
스스로가 고통을 초대하기 때문이다. — F. 라이피곱스

지금 이 순간 감사하세요? 대단하지는 않지만 저의 부족한 책을 읽고
계신 지금 감사하시나요? 하루에 감사한 대상을 5개만이라도 생각해보는
습관의 제안을 들어보셨을 것입니다. 저 역시 그런 습관으로 감사함의 대
상을 찾아 나섰습니다. 그러다 보니 '범사에 감사하라'는 말이 성경에도
있듯 작은 것에 감사하는 마음이 자연스럽게 생겨났습니다.

영어는 어떨까요? 우리의 모국어도 아닌데 조금이라도 말할 수 있음이
얼마나 대견하고 감사하나요. 캐나다에 있을 때 제 어설픈 영어가 현지인
들에게는 신기할 수 있었을 것입니다. 실제 많은 이들이 별 것 아닌 영어
인데도 칭찬하고 놀라워했습니다. 자신들은 다른 외국어를 못하는데 반
해 조금이라도 애쓰는 우리를 바라보는 시각이 따뜻하기만 했습니다.

물론 어떤 분들은 그런 우리를 무시하는 이들도 있다 하시겠지만 더 많
은 이들이 긍정적인 시선으로 보아주는데 일부의 부정적인 시각에 연연
하지 않는 긍정적인 우리가 되는 게 낫겠지요.

회화반을 운영할 때 자신의 영어실력에 만족하는 사람들은 손안에 꼽혔습니다. 어쩌다 자신의 영어실력에 만족해하며 감사함을 표현하는 학생들을 만날 때면 저 또한 기분이 좋아집니다. 남들이 볼 때 아무것도 아닐 수 있는 자신의 실력을 신나하며 "이 정도 하는 것도 얼마나 감사한데요."라고 말하며 한 것 없는 제게 고마움까지 전할 때 저 역시 그 긍정적인 사고에 전염되면서 즐겁고 감사합니다.

감사함을 느끼는 것과 말로 표현하는 것은 함께 되어야 한다고 믿습니다. 저는 감사함을 느끼지도 못하고 표현할 줄도 몰랐습니다. 대학 때 제 옆에는 독실한 기독교 신자인 한 친구가 있었습니다. 착한 천사와 불만투성이 악마가 함께 다녔으니 참 가관이었겠지요.

그 친구와 함께 다닐 때면 요즘 말로 짜증이 났습니다. 이유인 즉 그 친구는 버스를 탈 때도 기사님들께 상냥한 목소리로 '감사합니다', 식당에 가서도 서빙하시는 분들이 물컵만 갖다 줘도 그 놈의 '감사합니다'를 입에 달고 다녔기 때문입니다.

그 친구는 꼴찌로 입학했던 자신에게 실망해 공부도 않고, 열심히 공부하는 친구들까지 유혹해 놀기에 바빴던 저에게 하늘에서 보내주신 천사였던 것입니다. 그러나 그 숨은 뜻을 모른 채 감사를 달고 사는 그 천사를 오히려 유난스럽게 생각했지요.

그런데 그 친구가 작년 가을 갑상선암에 걸렸습니다. 갑상선암이 다른 암에 비해 별 것 아님을 알았지만 친구는 뼈에 암이 전이된 조금 심각한 상황이었습니다. 그러나 긍정적 사고와 감사함을 달고 사는 천사는 자신의 암을 아무렇지 않게 받아들이더군요. 오히려 그 암을 통해 결혼 후 아이들을 키우느라 흐트러졌던 모습을 다시 곧추세우며 어느 때보다 행복해하는 그녀가 고맙고 대견할 뿐입니다.

그 친구가 수술 직후 입원해 있는 병원에 갔을 때입니다. 제가 병실 휴지통을 비우러 오신 청소 담당하는 분께 '감사합니다'라고 웃으며 인사를 했습니다. 옆에서 지켜보던 그 친구가 갑자기 하는 말이 "너 그런 말도 하고 달라졌다." 하며 빙그레 웃었습니다.

미안하다. 그리고 고맙다 친구야! 네가 행동으로 보여준 올바른 모습을 삐딱하게 보며 자격지심으로 나를 힘들게 하던 그 시절 곧바로 따라 하지 못하고 뒤늦게 너를 흉내 내며 거북이처럼 살아가고 있단다.

20년 전, 철부지였던 저는 친구의 감사 습관에 태클 걸기가 일쑤였습니다. 돈 내고 서비스 받는데 왜 우리가 감사함을 말해야 하냐고 따지듯 묻던 제게 그 친구는 늘 웃는 얼굴로 말했습니다. "수연아 얼마나 감사하니. 우리에게 이런 서비스를 베풀어 주시니." 삐딱하니 몹쓸 친구의 태클에 대한 천사 친구의 상냥한 반응이었습니다.

여러분, 제가 서른이 지난 지금에 와서야 그 친구의 뒤를 이어 매사에 감사하는 습관을 갖고 살아보니 세상은 감사할 것들로 넘쳐나네요. 좋은 일뿐 아니라 그렇지 않은 일들에 더 감사하게 되고 심지어 없는 것에까지 감사함이 자연스럽게 생기는 것은 저만의 기적일까요.

인생을 돌아보세요. 혹 지금 이 순간 힘들다고 느끼세요? 여러분을 힘들게 하는 사람이 있으신가요? 여러분도 한 번 테스트해보세요 그들을 감사의 대상으로 생각해 보는 거예요. 제 경험상 감히 말씀드려봅니다. 그 시련과 힘든 상대는 우리를 성장케 하는 최고의 감사한 선물이요 스승이라고 말입니다.

캐나다에서 돌아온 후 3년간 큰 병은 아니었지만 두 번의 수술 후 실직을 하면서 감사의 힘은 더욱 큰 힘을 발휘했습니다. 분명 힘든 시간이었지만 그 상황마저도 감사하게 받아들이는 연습 덕분에 희한하게 들릴지 모르지만 역경을 즐길 수 있는 힘마저 생겨났습니다.

그 후로는 물론 글을 쓰는 지금도 여러분들과 마찬가지로 제게는 여러 가지 문제가 발생합니다. 그러나 달라진 점은 문제가 생길 때마다 받아들이는 저의 태도입니다. 감사하는 태도의 힘이 큰 몫을 한다고 믿습니다. 좋은 일에만 감사하는 게 아닌 힘든 상황이 저를 시험할 때에도 감사해하며 숨은 교훈 찾기를 합니다.

'왜 이런 일이 나에게 일어나는가?' 생각하기보다는 '나에게 어떤 의미로 이 일이 주어졌을까'라고 바꾸어 생각하니 나 자신을 성장하게 하는 감사한 선물로 인식하게 된 것입니다.

가끔 긴 허리가 아프긴 했는데 2주전 글을 쓰다 허리에 살짝 이상이 왔습니다. 그 날 저녁 다리를 씻는데 잘못된 자세 때문이었는지 엉덩이가 무너지는 느낌이 오더니 끝내는 걸을 수조차 없었습니다. 치료를 받는 동안 웃으며 긍정적으로 그 상황을 받아들이면서도 잠시 부정적인 생각이 들어왔습니다. '이대로 못 일어서나?' 하는 생각이 들었습니다. 설령 그렇다 하더라도 그마저도 감사해야 함을 느끼며 아픈 이들의 힘든 상황을 생각했습니다. 역경 속에서도 행복해하는 이들을 떠올리며 그렇지 못한 아픈 이들을 위해서 기도를 하게 되었습니다. 이렇게 변화된 생각을 갖는다는 게 어찌 감사하지 않을까요. 과연 건강하기만 한 삶이라면 이런 감사를 느꼈을까요?

매일 감사하는 습관을 갖게 되었다고 생각했지만 한동안 건강에 별문제 없이 살아가면서 두 다리로 걷는 것에 대해 소홀했던 감사 습관이 짧았지만 제대로 걷지 못했던 2주간의 시간 동안 다시 찾아오게 된 것입니다. 건강의 소중함과 더불어 저에게 큰 역할을 묵묵히 해주며 애쓰는 다리에게 고마움이 밀려왔습니다. 더욱 겸손히 모든 것에 감사하는 마음을 연습하도록 하기 위한 하늘의 계시는 아니었을 런지요. 그렇게 다시금 저를 반성하고 연습합니다.

힘든 시기와 마찬가지로 힘들게 하는 이들 또한 제게는 더없이 감사하고 훌륭한 선생님이십니다. 제가 연예인 매니저로 잠시 일할 때 저 때문에 힘들어했던 연기자 그녀는 제게 위대한 선생님입니다. 그녀 못지않게 저 또한 힘들었지만 그녀로 인해 저를 돌아보는 계기가 마련되었고, 그녀는 저를 바꾸게 만든 감사한 이들을 생각할 때 떠올리는 중요한 스승님들 중한 분입니다. 아이들을 가르칠 때 그 아이들은 저의 화를 다스리게 도와준 크나큰 스승님들이었습니다. 제 화를 더 많이 불러일으킨 아이일수록 제 게 더 없이 고마운 스승님이었던 것입니다.

물론 처음부터 그런 생각을 가졌던 것은 아니었지만 생각을 달리하는 연습을 하면서 저를 변화시킨 감사한 선생님들로 자리매김했습니다. 그 렇게 제 주변에서 만나는 모든 이들이 저를 테스트하며 제게 필요한 것들 을 연습시키는 감사한 선생님들이었지만 그 중 저를 힘들게 하는 선생님 일수록 더 고마운 선생님들임에 틀림없습니다.

강의에서 왜 영어를 싫어하냐고 묻는 질문에 많은 사람들이 대답합니 다. 과거의 안 좋은 기억 속에 그들의 영어어 대한 생각을 부정적으로 바 라보게 했던 이들이 있었노라고 말입니다. 물론 그들 때문에 잠재력 가득 한 본인들의 영어를 멀리했겠지만 으히려 그들에게 감사함을 전해 보세 요. 그들은 자신들로 인해 여러분이 영어를 가까이 할 수 없게 되었다는 것을 상상하지도 못할 것입니다. 부디 그들에게 자비를 베푸시고, 본인의 잠재력을 스스로 가로막는 생각으로부터 자유로워져 애정으로 영어를 바 라보세요. 그 동안 가졌던 부정적인 생각을 떨치시고 멀리했던 영어에게 긍정적으로 사랑의 손짓을 보내보세요. 지금까지 잠재력을 가두어 놓고 자신을 힘들게 했던 시간만으로도 충분하니까요.

저는 '그럼에도 불구하고'라는 표현을 제가 제시하는 모든 습관에 접목 시킵니다. 별 것 아닐지 모르는 영어 실력에도 감사하고, 예쁘지 않은 얼굴을 가졌더라도 감사하며, 내 집이 아니라 이사를 해야만 하는 상황에도 감사, 비록 많은 돈을 벌지 못함에도 불구하고 감사하며 등등…….

여러분들도 긍정의 시각으로 바라보며 감사를 열거했던 습관이 미처 생각지 못한 감사의 대상이 아닌 곳에까지 그 힘이 확장될 수 있음을 경험해 보세요.

우리는 그토록 원하던 것을 얻고 난 뒤 행복을 느끼며 감사해합니다. 그러나 그 유통기간이라는 게 생각처럼 길지 않나 봅니다. 그렇게 가고 싶던 직장을 가고 사랑하는 이와 결혼을 하고, 사업에 성공하고. 원하던 바를 얻고 난 뒤 슬그머니 사라지는 것 중 하나가 '감사'입니다. 고마워해야 할 대상들을 당연하게 받아들이며 끝도 없는 욕심이 만들어집니다. 그리고 힘든 시기를 맞게 됩니다.

어제 TV에서 가수 옥주현 씨가 노래를 부르고 난 뒤 사랑하는 이로 인해 감사하고 행복하다는 그 노랫말이 본인에게도 적용된다며 눈물을 보였습니다. 그 가사로 인해 좋아하는 노래를 부르는 직업을 갖고 그것을 다른 사람들과 공유할 수 있음이 새삼 감사하고 행복하다 말했습니다. 많은 안티 팬들로 인해 어려움을 겪고 그것을 받아들이는 과정에서 자신을 돌아보며 성장하게 되었다 고백합니다. 인터넷에서 자신을 비방하는 글을 끝도 없이 접하는 상황에도 불구하고 감사함을 거듭 말하며 진정한 행복을 알아가는 그녀의 모습이 저를 감동시켰습니다.

그렇게 원하던 직장이었지만 혹은 그토록 사랑하던 이와의 결혼

 그 보석들을 찾아가는 과정에서 감사하는 마음을 연습하면 어떨까요.

어느 날 지하철 공모수기 중 감사에 대한 글이 지하철 안에 서 있는 저를 향해 윙크합니다.

지방 대학을 다니게 된 어느 신입생이 왕복 200분이 걸리는 통학 지하철 안에서 자신을 학대하며 다녔답니다. 어느 날 엄마가 그 딸을 불러 지하철 안에서 감사일기를 써 볼 것을 권유하며 노트 한 권을 주셨습니다. 무엇을 감사해야 하는지 몰랐던 그 학생은 힘들게 일부러 감사의 대상을 찾기 시작했습니다. 그 연습을 하다 보니 감사의 대상이 늘었거니와 자신을 학대하는 시간이 사라졌다 합니다. 더불어 그 감사 습관 덕택에 긍정적으로 생각하는 자신의 모습을 발견했다 합니다. 습관이라는 게 이렇듯 공감 할 수 없는 상황에서도 의식적으로 시작하지만 그 연습의 끝은 기적을 만듭니다. 만족 습관에서 어느 목사님의 불평을 없애는 습관 만들기에 참여한 사람들 이야기처럼 크게 공감하지 못한 채 의식적으로 만든 감사 습관에서도 놀라운 점을 발견하게 됩니다. 우리가 알고 있듯 우리는 생각하는 동물임을. 심지어 의무적으로 행동하는 가운데에도 생각이 가동되면서 원래의 자신과 만나는 것은 아닐까 생각합니다. 비록 자발적이지 않고 누군가에 의해서 출발했지만 그 과정에서 생각을 하게 되는 것입니다. 바로 우리의 위대한 생각을.

어제 지하철에서 발견했던 그 감사일기의 주인공이 제게 그 고마운 가르침을 전해줍니다. 바닥을 친 상황에서도 한줄기 빛을 줄 수 있는 힘이 바로 우리 안에 있습니다. 그 놀라운 힘을 지닌 우리 자신에게 감사하고 그것을 가능하도록 이 세상에 있게 해주신 부모님께 그리고 여러분이 믿는 신께 감사드려야 할 대목입니다.

본보기는 이어져야

얼마 전 학생에게 제 이야기를 들려주고 다 화가 끝나갈 무렵 질문을 받았습니다.

"본보기가 되시는 분이 있으세요?" 잠시 생각을 한 후 있다고 말했습니다. 본보기보다 멘토를 생각하고 그들의 제안에 많은 변화를 연습해왔기에 어느 순간 본보기가 제 기억 너머에 자리 잡게 되었던 것입니다. 그토록 마음속에 두고 제 변화된 모습을 만들 수 있도록 도와준 훌륭한 본보기가 있었건만.

캐나다로 연수 가기 전 고향인 전주에 가게 됐습니다. 기억이 잘 나지 않지만 밖에서 우연히 어느 기독교 주보형식의 잡지에서 탤런트 차인표 씨가 직접 썼던 글을 읽게 되었습니다. 결혼한 지 몇 년이 지나지 않았던 때 자신의 인생을 돌아보며 고백하듯 써내려갔던 글이라 생각됩니다. 자신의 변화의 중심에 부인인 신애라 씨가 있었노라고 주변 사람들에게 긍정의 기를 전하며 사랑을 실천하는 그녀를 언급하면서 고마운 마음을 전했습니다. 그러나 그 당시 저를 움직였던 대목은 그녀의 현명한 아내로서의 모습이었습니다.

사람들을 무시하고 제 맘에 들지 않으면 터무니없는 이유로 연예인을 제 멋대로 선을 긋고 바라보았습니다. 잠시 동안 연예인 매니저를 했을 때조차 그들을 같은 인간으로 바라보지 않고 원래 가졌던 편견을 유지하고 있었습니다. 변화 이전이던 당시에는 사람을 싫어하는 것이 일상화 되어 있던 때였고 연예인일 경우 주변 인물보다 그 싫고 좋음이 지나치게 심했던 것입니다.

인터넷에 수많은 정보가 넘쳐나는 요즘이지만 그 당시 제한된 정보로 연예인을 판단하는 것은 그야말로 제 맘에 따라 좌지우지 되었지요. 저의 혹독한 선입견 속에서 미움 받던 수많은 연예인들 중 신애라 씨도 순위 안에 있었습니다. 분명 싫어한 이유는 제 주특기였던 질투였을 것입니다. 이쁘다는 이유!

그렇게 연예인을 싫어하는 것을 당연시했던 제게 차인표 씨의 글은 충격적이었습니다. 그때까지 존경의 대상이라 생각하지 않았던 연예인을 좋아하는 것은 물론이거니와 그녀를 본보기로까지 삼게 되었습니다. 소리 나지 않게 그녀를 마음속에 담았지요. 부모님의 이혼을 눈앞에 두고 있을 즈음 제가 어떤 배우자의 모습으로 살아야하는지 그 방법을 제시했던 고마운 본보기였던 그녀.

30대였던 제게 관심을 보이며 결혼이 늦음에 안타까워하던 성인 학생

분들의 왜 결혼을 하지 않느냐는 질문에 "결혼을 위해 제 모습을 만들어 가는 중이예요." 라고 대답했습니다. 어느 순간 더 이상 그렇게 말해서는 안 되겠다 생각을 하게 된 것은 그분들의 반응때문이었습니다. "무슨 결혼 연습을 하는데요. 다 결혼하고 그 안에서 싸우면서 만들어지는 거예요." 제 대답을 농담 반 진담 반 들으셨을 그 분들의 대답이 맞을 수 있을 것입니다. 그러나 제 스스로가 문제가 있었음을 발견했을 때 저 자신뿐 아니라 미래의 배우자를 위해서라도 제 변화가 필요하다 믿었기에 제 의지는 묵묵히 연습으로 이어졌습니다. 아무리 좋은 천사 같은 배우자를 만난들 그 착한 천사를 괴롭힐 악마 같은 제가 그 결혼을 파국으로 맞게 할 충분한 소지가 있다 생각했기에 말입니다.

캐나다 배낭여행 중 이혼을 하셨던 부모님을 타산지석으로 삼게 되었습니다. 제게 큰 가르침의 사건이었습니다. 제 미래의 행복가정을 첫 번째로 꿈꾸게 해주셨던 사랑하고 존경하는 부모님. 그리고 제 모습을 찾아 가는 과정에서 저에게 배우자로서의 연습을 이끌어준 행복가족 멘토 신애라 씨. 그 고마운 사실을 한동안 잊고 있었던 것입니다. 그녀를 어느 방송에서 보며 새삼 감사하면서 미안한 마음에 일기를 쓰고 책에 계획하지 못했던 바를 이리 쓰고 있는 것입니다.

궁금하세요? 그렇게 10년 동안 연습하고 한 결혼생활이 어떤지. 결혼 전 남편 친구들을 소개받는 자리에서 남편만큼이나 조용한 초등학교 친구들을 만났습니다. 그래도 그 중 활발하고 유머 있는 친구가 술이 조금

들어가니 제게 다짐을 하게 합니다.

"얘는 어릴 때 만났지만 여태 싸워본 적 없습니다. 누가 건드리지 않으면 절대 싸우는 법 없으니 먼저 긁지 마세요." "첫째 빨래 널 때 제대로 못한다 뭐라 말하지 마시고, 둘째 무거운 것도 못 든다 혼내지 말고, 셋째 재활용 분리수거 딱딱 못 한다 바가지 긁지 마세요." 그런 후 아이들이 하듯 제 손을 내밀게 하더니 손도장을 찍게 합니다. "도장 찍고 복사하고!"

제 얼굴을 결혼식장에서 처음 본 신랑측 하객들이 거의 대부분 그 재미난 친구 마음이었을 것입니다. 충분히 이해합니다. 눈이 처져 착하게 생긴 얼굴에 실제로도 착한 신랑에 반해 신부는 눈이 올라간 데다 식장에서 큰 소리로 설처대며 하객들을 대했으니…. 저를 낳아주신 엄마도 말씀하십니다. "무슨 일 있게 되면 못되게 생기고 기가 세서 성깔 있어 보이는 네 탓으로 세상은 생각 할 게다."

어제가 결혼 2주년이었습니다. 이렇게 여러분께 장황하게 제 변화를 이야기하는데 당연히 착한 천사 같은 남편 잘 모셔야지요. 그나마 결혼 전의 오랜 연습으로 결혼 2년 동안 악마가 천사를 괴롭히지 않았던 것을 스스로에게 칭찬하며 앞으로 더 나은 배우자의 모습을 만들어가렵니다. 저처럼 기가 세게 보이는 사람들을 위해서라도. 그리고 신애라 씨의 본보기에 대한 보답을 타인에게 전하기 위해서라도 말이지요.

행복 가정의 귀감으로 그리고 이제는 사랑 실천가로서도 대한민국에서 큰 본보기를 보여주는 신애라 씨와 차인표 씨의 사랑을 배워 나갈 것입니

다. 최근에 뒤늦게서야 『연탄길』의 저자 이철환 작가님 부부의 타인들에
대한 사랑 실천을 알게 되고 제 마음속 깊이 본보기로 삼았습니다. 앞으로
도 더 여러 가지 본보기로 저의 변화를 이끌어주실 많은 분들과의 만남이
기대됩니다.

비단 책의 저자나 유명인이 아니어도 강의에서 만난 모든 학생들
과 주변사람들이 말이 아닌 행동으로 보여준 본보기 역시 제 변화
에 큰 기폭제가 되어 왔습니다. 그분들의 본보기가 제게 큰 영향력
을 미쳤듯이 그분들의 가르침을 따르며 그 고마운 본보기가 이어지
도록 더 겸손히 연습하며 나아갈 것입니다.

인생에 가장 중요한 것은 사람입니다. 그리고 그 안에 사랑은 반드시 존
재해야한다 강하게 믿습니다. 제대로 된 사람이 되고자 노력했던 지난 날
본보기로 자리 잡았던 모든 분들에게 진심으로 고마움을 전하며 감히 사
랑 가득한 사람의 본보기에 도전해보려 합니다. 그것이 함께 가는 세상에
서 본보기를 보여준 모든 분들에 대한 보답이니까요.

고마운 새옹지마 인생

새해가 되면 새해 결심이나 소원을 빕니다. 어느 때부터인가 저는 좋은 일만 있기를 바라지 않습니다. 아마도 제게 일어났던 일들에서 발견한 새옹지마塞翁之馬의 의미를 발견했기 때문이 아닐는지요.

스물아홉 살에 영어연수를 결심하고 엄마에게 미래에 대한 투자로 빚을 내고 떠났던 어학연수였지만 조금이라도 보탬이 될까 2개월간 친척이 운영하는 식당에서 일을 했습니다. 일을 워낙 안 했던 지라 무거운 상을 나르면서 인대에 무리가 갔는지 캐나다에 도착한 지 1주일도 못 된 어느 아침 손에 문제가 생겼음을 알게 되었습니다. 그 당시 영어가 되지 않는 상태에서 의사가 전해주는 이야기가 쉽지 않았지만 겨우 알아듣는 것은 앞으로 손을 제대로 못쓴다는 것이었습니다. 오른손 손목 인대에 문제가 생겼던 것입니다.

먼저 홀로 떠난 캐나다 배낭여행에서 영어 좌절을 겪고 나서 비장한 마음으로 영어연수를 결심하고는 들뜬 마음으로 갔던 캐나다에서 손을 그것도 오른손을 못 쓴다는 것입니다. 그러나 그 손 문제로 원했던 연수를 포기하고 한국에 돌아가고 싶지 않았습니다. 절망하기보다 그 상황을 받아들였습니다.

거의 1년 동안 오른손을 쓰지 않고 어색한 왼손을 사용하기 시작했습니다. 왼손으로 밥 먹고 글도 쓰고 모든 것을 오른손에서 왼손으로 옮겨가야 했던 시간이었습니다. 아마 그때의 왼손 사용으로 제 IQ가 상승했을는지도-참고로 어릴 때 108번뇌 아이큐를 소유했던 저- 모릅니다. 물론 한국에 돌아와 서서히 오른손을 사용하면서 그 의사의 말이 틀렸음을 알게 되었지요. 그 당시 그 의사의 영어를 제가 이해하지 못한 해프닝이었을 지도 모릅니다. 여하튼 인생에서 가장 행복했던 하루하루를 캐나다에서 영어 공부에 푹 빠져 살다가 어학연수를 마치고 한국에 돌아왔습니다. 그런데 3개월 정도 지난 후 또 다른 안 좋을 수 있는 일이 생겼습니다.

갑자기 배가 아프기 시작하면서 다리까지 내려간 통증이 있었습니다. 알고 보니 난소에 문제가 있었던 것이었습니다. 6개월 동안 완전마취에 난소 하나를 제거하고 맹장수술도 하면서 태어나 처음 건강을 생각하고 죽음까지 생각하는 계기가 마련된 사건이었습니다. 맹장 수술 후 한동안 마취에서 깨어나지 않아 한바탕 소등이 있었음을 나중에 여동생에게 들었지만 두 번의 수술은 성공적이었습니다.

그런데 몸이 나아질 기미가 안보이고 이곳저곳 아팠지만 병원에 가면 별 문제가 없다고 했습니다. 수술 후유증인지 몸이 쇠약한 상태로 잠시 무역회사에 취업했지만 제 적성에 맞지 않아 1개월만에 그만 둔 후 콩쥐 같은 여동생에게 경제적으로 의존하며 거의 3년간 집에서 지내게 되었습니다. 물론 잠자는 시간을 제외하고 영어에 빠져 생활하는 그 시간이 즐겁기는 했지만 간혹 미래에 대한 불안함이 고개를 들기도 했습니다.

그 3년의 시간은 저를 아는 사람들이 지켜봤을 때 참 심난했을 때일 것입니다. 제대로 된 회사를 다니며 주위의 기대만큼 돈을 모으지는 못했다 해도 30대 초반을 집에서 결혼도 하지 않고 자신의 결혼자금을 저축해야할 착한 동생에게 빌붙어 살았으니 말입니다. 그러나 저를 돌아보기 위해 캐나다 배낭여행을 결심한 사건 이후 벌어졌던 새옹지마 같은 인생의 연속은 제게 너무도 소중한 깨달음을 전해주는 일들이었던 것입니다.

33세 10월, 그것도 자원봉사로 시작한 영어강사로 일을 하기 전까지 그렇듯 좋을 수 있고 나쁠 수도 있었던 일들이 긍정의 힘과 감사, 웃음, 평온 그 모든 습관들을 만들어가게 된 훌륭한 계기가 되었습니다.

그리고 가장 크게 바뀐 생각이 좋은 일만 있기를 바라지 않는다는 것이었습니다. 생각을 바꾸니 설령 안 좋은 일이라고 생각되는 일에서도 더 많이 배우고 깨닫는 분명 가치 있는 고마운 일임을 발견하게 되었습니다. 물론 그 뒤로도 새옹지마는 존재했고 앞으로도 더 많은 일들이 기다릴 것입니다. 좋은 일, 안 좋은 일 구분하지 않고 있는 그대로 받아들이며 그 일들 안에 있는 숨은 가르침을 배우며 나아가렵니다.

새옹지마 인생 만만세!

고마운 인생아! 감사한 사람들이여!

인생에 성공만 있는 삶이 있었다면
인생에 쉬운 일만 있었다면
인생에 좋은 일만 있었다면

오늘의 제가 없었을 것입니다.

인생에 실패 실수도, 어려운 일 그리고 안 좋은 일도
겸손히 감사하고 즐겁게
받아들이며 삽니다.

모든 이가 제게 감사한 스승님이시고
모든 일들이 고마운 선물입니다.

소중한 인생에게 감사하며
이 세상 떠날 때까지
저 자신을 끊임없이 바꾸며
모든 이들을 겸손히 사랑하며
살아가렵니다.

필자의 졸시 〈고마운 인생아! 감사한 사람들이여!〉 전문 누군가 살아온 일중 후회한 일이 없냐고 묻는다면 없다고 말하렵니다. 예전의 실수와 실패가 있었기에 그 안에서의 깨달음이 더욱 값지고, 시간이 걸렸을지라도 하나씩 배우며 조금씩 커가며 살아갑니다.

앞으로도 더 많은 실수와 실패, 좋지 않다고 여겨지는 일들 속에서 배워갈 것입니다. 예측하지 못한 다양한 일과 사람들 속에서 제게 필요한 것들을 가르쳐주는 인생의 값진 공짜 수업에서 제 무한한 힘을 발견하고 연습하며 즐기렵니다.

누군가 성공만 있는 인생 혹은 좋은 일만 일어나는 인생을 보장해준다고 해도 절대 택하지 않을 것입니다. 새옹지마 인생에서 숨겨진 진실된 보석을 발견하며 타인에 대한 공감대를 형성할 가치 있는 경험을 꼭 보듬고 신나게 전진하렵니다.

사명감이라고 하면 누구에게 거창하게 들릴 수 있을 것입니다. 나이 서른아홉에 처음 인생에서 그토록 무겁게 느껴졌던 단어, '사명감'이 제게 찾아왔습니다.

어제 본 기사에서 잘 죽는 것 'well-dying'을 생각하게 하는 일환으로 어느 도서관에서 40대에서 70대 성인들이 관에 들어가 보는 체험을 전했습니다. 인터뷰를 한 78세 어르신이 말씀하십니다. 이 세상에 왜 왔는지 고민하며 찾아보는 귀한 시간을 가졌고 앞으로 남은 인생을 어떻게 살아야 하는 지를 생각해보았노라고.

혼자 살아가는 세상으로 착각하며 잘난 체 하며 살다가 남과 더불어 가야 할 인생임을 생각하게 되고 내가 남을 위해 뭔가를 해야 하는 것을 인식하면서 사명감이 만들어졌습니다. 그렇게 만들어진 사명감은 다시 저 자신을 단련하는 근거가 되었습니다.

이 세상을 떠나기 전 자신의 사명감을 찾아낸다는 것 또한 감사한 일입니다. 세상에 나 혼자만이 힘들다고 생각하지만 어느 순간 모든 이가 저마다 다른 색깔의 문제가 있음을 알아갑니다. 인생에서 일어나지 않았음 하는 역경을 겪은 후 그런 비슷한 일을 경험한 이들을 위해 무엇을 해야 하는지를 깨닫고 왜 그런 일을 겪어야 했는지 알게 되면서 사명감을 찾기도 합니다. 그렇기에 역경이 주는 깨달음은 우리 자신에게 끝나는 게 아닌 바로 진실된 나눔으로 이어진다고 생각합니다.

매일 매일 감사하게 살아가는 동안에 나 아닌 누군가에게 의미 있는 나눔을 전하는 것이 사명감이 아닐는지요. 나만을 생각하는 인생에 가두기보다 내 사랑하는 가족과 이웃을 위해 전할 자신만의 메시지가 있을 것입니다. 우리 모두는 소중한 존재로서 분명 이 아름다운 세상에 우리 저마다의 색깔로 조화롭게 물들일 수 있으니까요.

영어를 다시 시작한 후 영어로 인한 기쁨을 혼자만 즐겼던 때가 있었습니다. 캐나다에 연수할 때 방황하는 20대 초반 한국에서 온 친구들에게 손 내밀어 함께 가지 않고 저만 즐거우면 그만이라는 식으로 혼자만의 행복에 취했던 시간. 한국에 돌아와 집에서 공부를 하루 종일 해도 지치지 않던 백수 시절. 좋아하는 것을 만난 기쁨에 학창시절에 몰랐던 공부 삼매경에 빠졌던 30대.

그런데 혼자 즐기는 영어에서 도움이 필요한 이들에게 그 영어의 기쁨을 전하면서 기쁨을 나누면 2배가 된다는 말이 실감나기 시작했습니다. 오히려 저를 위한 영어보다 더 남을 위해 영어로 무언가 할 수 있음이 감사하고 흥이 났습니다. 제가 변화하는 과정에서도 그 변화가 가져오는 일이 저 자신과 주변을 바꾸는 일임을 목격하고 그것을 전해야 하는 사명감을 위해서라도 더 제 자신을 바꾸는 것 자체가 사명감임을 깨닫게 되더군요. 영어와 저를 바꾸는 것이 제 자신을 위한 것으로 출발했지만 차츰 저 자신의 일로만 끝나지 않고 타인과 이어졌음을 알게 된 것입니다.

불의의 사고로 절망 속에서 살다가 희망을 품고 다시 우뚝 서서 자신을 넘어서 비슷한 상황에 있는 이들에게 희망을 꿈꾸게 하며 희망 메시지를 전하는 이들이 있습니다. 자신의 과거를 속죄하며 범죄자였던 이들이 방황하는 청소년들을 선도하며 긍정의 메시지를 전하기도 합니다. 암이 흔하게 발병하는 요즘 암을 극복한 이들이 새 삶을 사는 감사함으로 행복전도사를 자처하고 병원을 돌면서 암 투병 중인 환자들에게 희망을 그리고 건강하면서도 행복을 느끼지 못하는 이들에게 행복을 전하기도 합니다.

강의에서 사명감을 묻는 제 질문에 가족을 더 사랑하는 길을 말하는 이들이 계십니다. 태어나 한 가정을 만들고 그 가정을 더 없이 사랑하며 행복하게 하는 사명감이 우리 모두에게 보태진다면 세상은 행복 가득한 사람들의 따뜻한 공간일 것입니다.

여러분이 설령 아직까지 사명감이 없거나 혹 사명감을 생각조차 하지 않았더라도 분명 그 기회가 올 것이라 생각합니다. 그 사명감은 단순히 좋은 일이라 생각되는 것만이 아닌 힘든 역경을 딛고 남을 바라보게 되는 큰 사랑의 힘을 토대로 우리에게 오기도 합니다. 어떤 형태이건 분명 여러분

저마다 다른 사명감이 있을 거라 믿습니다.

어쩌면

어느 순간 왜 나만 이렇게 사는 것인가 회의가 생길 때 어떤 고귀한 사명감을 가지고 이 땅에 오신 귀한 존재임을 기억하고 크게 미소 지으세요.

작고 큰 사명감은 따로 없습니다. 우리가 그 사명감을 모르고 이 세상 떠나면 또 어떻습니까. 그저 즐겁고 재미나게 사시다 가면 되죠. 어떤 분들은 너무 겸손해서 굳이 사명감이라는 단어를 사용하지 않고도 이웃을 사랑하며 남과 더불어 가는 세상을 만들어갑니다.

분명 사람은 사람을 변화시킵니다. 좀 전에 가수 인순이 씨 기사를 읽었습니다. 어릴 때 혼혈아라 놀림 받고 흑인 아빠를 원망했던 청소년기 때 만난 미국병사와의 38년만에 재회를 담고 있습니다. 그 당시 그 병사의 따뜻함을 잊지 못하고 나이가 들어 잊혀질 수 있는데 끝까지 수소문 끝에 재회를 성사시킨 것입니다.

고마움을 전하는 모습을 통해 한 사람의 사랑이 다른 사람에게 전달되어 더 큰 사랑을 만들어가는 나비효과를 확인할 수 있습니다. 그 키다리 오빠라 불리는 미군 덕택에 아버지에게 버림받았던 증오심도 버릴 수 있었다 하듯이 누군가의 사랑이 이렇게 함께 가는 세상을 더 아름답게 하는 것입니다.

며칠 전 남편과 산책을 하다 법 관련 어느 직업종사자들을 이야기 하는 도중 그들의 모습에 실망해 제 의견을 전했습니다. 그런 후 상기되는 것이 간디의 말씀이었습니다. 반성하며 저 자신에게 다시 한 번 그 메시지를 실천할 것을 다짐하고 남편에게 그 가르침을 전했습니다.

Be the change you want to see in the world.

누군가를 탓하고 그들의 변화를 바라기 전에 바로 나 자신의 본보기로 그들과 함께 우리 인생의 길을 동행할 수 있음이 우리의 무한 잠재력으로 가능한 함께 가는 세상의 사명감이 아닐까 생각합니다. 저는 사랑의 본보기로서 무한 잠재력 도전을 하고 있습니다. 이 세상 떠나는 날 활짝 웃으며 모두를 사랑하고 재미나게 잘살다 가노라고 말하고 싶습니다.

중고서점 책박사님

매일 분주하게 책 정리하는 모습 지켜보면서

젊은이들이 이 분의 일하는 모습 보며

깨달음이 있었음 좋겠다.

항상 바쁜 와중에도 때 묻지 않는 미소가 좋다.

친근한 이웃집 아저씨 같으신 분.

웃어요

예전 노래 중에 오석준의 〈웃어요〉라는 기분 좋은 노래가 우리를 자연스럽게 웃게 만들었답니다. 웃음의 효과가 암환자들에게도 큰 영향을 끼친다는 이야기는 이제 흔하게 듣는 말입니다. 그리고 그 웃음이 단지 미소를 짓는다 해서 그리 차이 나는 것은 아니라고 하며 우리의 뇌가 입 꼬리가 올라가는 억지웃음이나 미소만으로도 엔도르핀을 생성한다고 합니다.

누군가 우리에게 미소를 지으면 가끔은 쑥스러울 수도 있지만 우리 역시 반사적으로 기분 좋게 미소로 답례합니다. 강의실 안에서도 앞에 서 있는 저같이 인상 안 좋은 강사가 미소를 머금지 않고 이야기 전달에만 신경 쓰는 것과 편안한 미소로 밝은 분위기를 이끌어가는 것에는 큰 차이가 있습니다. 당연히 후자에 청중의 잔잔한 미소가 입가에 묻어나며 기분 좋은 강의가 이루어질 것입니다.

물론 영어를 할 때도 미소를 잃은 채 잔뜩 긴장된 얼굴을 있는 그대로 보이는 것보다 의도적으로 미소를 머금으면 편안함이 찾아옵니다. 여러분이 이야기할 때 무의식적으로 웃는 표정인지 찡그리는 혹 무표정인지 확인해보세요.

우리는 영어를 하는 순간부터 긴장하게 되어 얼굴이 굳어지곤 합니다. 물론 생각이 두려움으로 가득하다면 웃음이 사라지는 게 당연할 것입니다. 그러나 설령 두려움이 밀려올지라도 일부러라도 미소를 지어보세요.

외국여행을 하기 위해서 많은 성인들이 영어를 다시 시작합니다. 여행 시 필요한 영어를 외워서라도 쓰려 하는 것이지요. 그러나 막상 여행 시 외운 게 생각나 그대로 말하면 좋은데 그렇지 않은 일이 더 많습니다. 상대가 어떤 말을 하는지 못 알아듣거나 우리가 어렵사리 말을 해도 상대가 못 알아듣게 되면 긴장된 마음이 더 가속화되고 머릿속은 온통 하얗게 변합니다.

바로 여러분의 이야기인가요? 그런데 그 긴장된 마음을 가라앉힐 수 있는 것이 있으니 바로 '미소'입니다. 상황이 어떻게 돌아가든 늘 해왔듯 조건적인 미소를 날리기보다 그렇지 않은 상황에서 미소의 힘을 연습해보는 겁니다.

많은 한국 사람들은 우리가 영어를 잘 못하는 입장에서 원어민을 대하는 것을 생각합니다. 꼭 그럴까요? 우리는 그러한 편견 속에서 이미 기가 죽어 있는 것입니다. 세상에 영어를 모국어로 쓰지 않는 우리와 같은 사람들이 얼마나 많은데….

요즘 외국인들이 우리나라를 많이 방문합니다. 중국, 일본 그 밖의 영어를 모국어로 쓰지 않는 국가의 사람들이 몰려옵니다. 영어를 연습할 목적으로 용기를 내어 길을 잃은 것처럼 보이는 외국인에게 손을 내미는 여러분을 상상해 보세요. 그런데 그 외국인이 영어를 쓰지 않고 자신의 모국어를 너무나도 태연하게 씁니다.

여러분은 어떻게 하시겠어요? 바로 제 경험담입니다. 시청 쪽을 걷고 있는데 일본인 관광객이 지도를 보고 있습니다. 먼저 다가가 도움을 주려 했건만, 일어로 계속 말을 하는 것입니다. 그것도 천연덕스럽게 미소를 보이며 말입니다. 영어를 할 수 있냐고 물어보는데도 못 들었는지 시종일관 일어로 묻는 것입니다. 그 상황에서 제가 취할 수 있는 것은 그들의 눈높이에 맞추는 것. 저도 미소를 머금고 영어는 가급적 더 쉽고 짧게, 손도 사용하며 그들이 원하는 장소를 알려줬습니다. 그러자 그들은 그 마지막 순간에도 어김없이 일어로 고맙다는 말을 남기고 미소 지으며 인사합니다. 물론 고맙다는 그 일어만을 용케 알았던 저에게 말입니다.

강의에서 외국인과의 만남을 가진 후 자신들이 느낀 바를 이야기했습니다. 자신들의 외국여행 경험을 돌이켜 보니 영어가 안 되는 중국에 갔는데도 사람들과의 만남이 즐거웠고 그 안에 미소가 있었노라고 했습니다. 우리 삶 속에서 미소 하나만으로도 충분히 우리의 사랑을 전할 수 있듯이 영어에서도 통할 수 있음을 여러분도 진하게 느껴보세요. 여러분의 아름다운 미소가 우리나라를 찾은 외국인에게 대한민국을 따뜻하게 기억할 수 있게 한답니다. 물론 누군가 우리에게 먼저 웃어주고 그에 화답하는 식으로 우리도 미소를 건네 줄 수 있지만 우리가 먼저 그 웃음의 시작이 되도록 습관을 들여 보자고요. 많은 부분이 행복하기 때문에 웃는 습관이 되어 있는 우리가 웃음으로써 행복해지는 것을 습관으로 한다면 누군가에 의해서 혹은 어떤 기분 좋은 상황에 의해서 미소를 띠는 수동적인 우리의 모습은 뒤로 할 수 있습니다.

참 재미있는 사실은 우리는 미소를 짓는 사람을 설령 낯선 이라 할지라도 편하게 대합니다. 여러분이 외국에서 길을 물으려 할 때 얼굴이 굳어져 있는 사람과 미소를 머금은 사람 중 어느 쪽을 택하겠습니까? 마찬가지로 한국을 방문한 외국인도 우리와 같은 사람이거늘 미소를 띤 한국인과 그렇지 않은 사람 중 누구에게 도움을 청할까요?

제가 미소를 습관들이기 시작했던 것은 2002년부터였습니다. 너무 많이 힘든 상황에서 그 해 가을 첫 강의를 하게 되면서 큰 결심 하나를 했습니다. 그것은 바로 무조건적으로 미소 짓기!

예전에 어느 코미디언이 부모님 상을 당하고도 무대에서 웃어야 하는 상황이 너무 힘들었다고 하더군요. 하지만 저는 그 말에서 이런 다짐을 해 보았습니다. 내가 처해있는 상황이 힘들더라도 내 기분이 다른 이들에게까지 전달되어 그들의 기분 좋은 상태에 나쁜 영향을 끼치면 안 되겠다는 생각. 그렇게 바뀐 생각으로 그 당시 너무 힘든 나머지 미소가 제대로 나오지 않는 저를 거울 앞에 세우기 시작했습니다. 그리고 일부러 웃었습니다. 콤플렉스였던 치아를 세상과 만나게 하며. 웃고 또 웃고 그렇게 연습했습니다. 원래 눈이 올라가 있는 제 얼굴에 콤플렉스를 가진데다가 치아도 어릴 때 교정해서 큰 효과를 보긴 했지만 여전히 고른 치아가 아니고 거기에 새하얀 치아도 아니다 보니 자연스럽게 입을 다물고 있던 때가 많았습니다. 물론 즐겁지 않으니까 당연히 안 웃는다는 생각과 매사 불평·불만을 달고 살았던 것이 미소를 습관들이지 못했던 가장 큰 이유였습니다.

그렇게 잘 웃지 않던 제가 큰소리로 웃는 일은 많지 않았지만 어떠한 상황에서도 미소를 유지하는 습관은 서서히 자리를 잡아갔습니다. 좋지 않은 인상으로 화난 사람인 양 거래처를 다녔던 20대 시절, 한 거래처에서는 아예 출입금지를 시키라는 극단적인 이야기도 들었던 적이 있습니다. 그러나 지금은 저같이 눈이 올라가 차가운 인상을 주는 이들의 대표주자로 그나마 미소로 인상이 아주 조금 좋아졌다는 감사한 말도 듣게 되었답니다.

가뜩이나 영어를 어렵게 느끼는 학생들을 웃는 얼굴로 대하니 모두가 편안함을 느끼는 것을 볼 수 있습니다. 미소를 습관으로 하면서 대인 관계뿐 아니라 힘든 상황에서 미소의 힘을 알게 됐습니다. '행복해서 웃는 게 아니라 웃으면 행복해진다'는 말을 경험하면서 웃는 얼굴이 만들어주는 여러 이점 또한 알게 됐습니다.

저같이 인상이 안 좋은 사람도 웃으니 인상이 나아졌습니다. 여러분들도 그 예쁘고 선한 얼굴에 미소로 도장을 꽝 찍고 감사히 하루하루를 즐겁게 보내세요. 여러분의 행복한 하루가 미소와 함께 시작되고 그 미소가 다른 이들에게 행복나눔으로 이어질 것입니다.

지금 이 순간 입 꼬리를 올리며 책을 읽어보세요. 설령 재미가 덜해도 일부러라도 미소를 머금고 읽다보면 나름 재미있을 것입니다. 아름다운 미소와 함께 덩실덩실 춤추며 여러분의 영어 잠재력도 꿈틀거릴 것입니다. 인상 쓰고 잠재력을 위협하기보다는 웃음 혹은 미소로 그 잠재력을 깨우십시오. 그리고 힘들수록 더욱더 미소 지어보십시오. 힘든 일이 그리 힘들게 느껴지지 않을 미소의 힘을 맘껏 누리실 것입니다.

'웃으면 복이 온다'라는 말은 꼭 복이 온다기보다 웃음으로써 더 많은 것을 얻게 된다는 의미인 듯합니다. 예전 같으면 힘들 때 나오지 않던 웃음이 이제는 오히려 웃음의 힘을 빌려 마음에 평화를 안겨주는 그런 기쁨을 만끽 해 보십시오. 그리고 웃음의 전령사로서 가정에서도 밖에서도 웃음의 힘을 마구 펼쳐 보이십시오.

제 본보기였던 연예인의 환한 미소와 그리고 좀 전에 읽은 감동 사연에서 미소의 소중함을 다시금 배워갑니다. 그리고 꼭 그런 모습을 만들어 가리라 다짐합니다. 제 말과 글이 누군가에게 힘을 준다는 것은 너무 감사하고 기쁜 일이지만 진정이 담긴 따뜻한 미소로 사람들에게 사랑을 전하고 싶습니다. 인자하고 자비로운 사랑 가득한 모습을 만들어가며 나이 들어갈 것입니다.

말이 필요 없이 제 사랑을 느낄 수 있는 미소를 겸손히 연습하렵니다. 미소천사님들!

여러분도 함께 하실래요?

친절한 수연 씨가 되려

45년 연구와 공부 뒤에 얻은 다소 당혹스러운 결론이자 내가 사람들에게 줄 수 있는
최상의 조언은 서로에게 조금 더 친절하라는 것이다. - 올더스 헉슬리

십 년 전 혹시 함께 보는 이들이 볼까 몰래 주책 같은 눈물을 흘리며 보았던 〈좋은 나라 운동본부〉라는 TV 프로그램. 친절 시민을 찾아 메달을 안겨주는 것이었는데 왕싸가지로 살았던 제게 감동 눈물의 경험과 더불어 친절의 의미를 선사해준 뜻 깊은 프로그램이었습니다.

친절하지 못했던 제가 그 프로그램으로 인해 친절에 눈을 뜨게 되고 강의할 때나 사람들을 만날 때에도 갈 길이 멀긴 하지만 친절한 사람이고자 노력합니다. 누군가에게 친절을 경험해 본 우리는 압니다. 별것 아닐지 모를 친절이 얼마나 우리를 따뜻하게 감싸주는지를.

강의 첫날이나 혹 특강을 할 때 친절하고자 한 마음과 달리 날카로운 카리스마가 친절을 압도하는 경우가 있습니다. 그럴 때면 그 원인이 친절하고자 한 마음을 품었던 상태였는지 돌아봅니다. 물론 그 반성 자체만으로도 제가 발전했구나 하는 생각도 하게 되지요.

대학 시절 친한 친구가 늘 친절이 몸에 베어 다니더니 결혼해 남편과 제

과점을 운영하면서도 몸에 밴 친절을 그대로 고객들에게 전달하는 것을 목격했습니다. 대학 때 왜 친절한지를 따지고 들었던 어리석은 제게 감동이 전해지는 아름다운 광경이었습니다.

친절할 수 없는 상황에서도 친절을 목표 삼아 연습하는 것이 쉽지는 않지만 해보려 합니다. 조건적인 상황에서 쉽게 친절을 베푸는 것이 아닌 다시 말해 누군가 제게 친절히 대하지 않았거나 혹은 친절을 기대하지 않은 상황일지라도 진심으로 친절할 수 있는 제가 되고자 노력하고 있습니다.

카리스마 있다는 말을 강사가 되어서도 많이 듣는 편입니다. 화를 조절하는 습관을 시작한 이후에도 남들의 그런 평가가 내심 흡족했던 게 사실입니다. 얼마 전까지도 은근히 카리스마로 불리어지는 것을 기대했으니까요.

어느 주부 학생이 제게 "선생님의 카리스마가 어떤 학생들에게는 기를 꺾게 할 수 있습니다." 라는 말씀을 해주셨습니다. 예전에는 남의 기를 꺾고 이겨먹는 것을 즐겼던 저였지만 그분의 지적이 맞는다면 그것은 변화하는 과정에서 제가 바라는 바가 아니기에 카리스마 넘쳐나는 인상임에도 불구하고 최대한 밝은 미소와 함께 말을 부드럽게 하려 더 노력해야 할 것입니다.

변화를 위한 습관을 만들면서 친절은 전면에 내세우고 싶은 중요한 태도가 되었습니다. 그 친절 연습이 많이 나아지고 있지만 그래도 여전히 부드러운 카리스마가 많이 부족합니다.

별 것 아닌 작은 친절로 누군가에게 사랑을 전하고 싶고 그 친절로 삶의 무게에 버거워 하는 이들의 마음을 따뜻하게 해주고 싶습니다.

어린 학생의 감동적인 말 한마디가 친절에 매진하게 하는 감사한 계기가 되었습니다.

저와 함께 몇 달 동안 수업을 못했던 어느 수줍음 많던 초등학교 3학년 소녀. 어느 날 수업 후 혼자 남아 엄마를 기다리다 제게 하는 말이 '선생님은 참 친절해요.' 그 말 한마디가 저를 어찌나 감동시켰는지 모릅니다. '아, 나도 이런 말을 듣게 되는구나.' 그 학생의 칭찬은 제가 바뀔 수 있다는 크나 큰 자신감을 갖게 해줬습니다. 더불어 그 일로 인해 더욱 칭찬을 들을 수 있도록 하기 위해서라도 친절한 수연 씨가 되기로 굳게 결심하게 된 것입니다.

실력 있다는 말보다 친절하다는 말이 저를 감동시키며 그 친절을 실천할 때 상대방의 환한 미소가 감동입니다. 사랑 가득한 친절한 사람이고자 합니다. 그리고 그렇게 되도록 하루하루 연습할 것입니다. 다른 이의 친절을 기대하기보다 제가 먼저 친절을 보이는 사랑을 실천하렵니다.

그럼에도 불구하고

행복이란 무엇일까요? 7가지 습관을 이야기했지만 한 마디로 말한다면 '그럼에도 불구하고'라 말하고 싶습니다. 7가지 습관과 그 밖에 필요한 모든 것들을 이 '그럼에도 불구하고'와 연관시켜 연습합니다.

7가지 습관을 생활화하다 보니 '그럼에도 불구하고' 감사한 매일이 행복해야 함이 자연스럽습니다. 일상에서의 예측 못하는 상황 때문에 행복하지 못한 변명을 찾기보다 어떤 상황에도 불구하고 즐거워야 함을 연습하는 것입니다. 아픔에도 불구하고, 가난에도 불구하고 ,영어실력이 출중하지 않음에도 불구하고, 똑똑하지 않음에도 불구하고, 저처럼 얼굴이 길고 눈꼬리가 하늘로 비상함에도 불구하고…

힘들게 비쳐지는 상황을 '그럼에도 불구하고' 인생을 즐겁게 살아가는 이들이 존경스럽습니다. 우리 모두 그러한 마음을 연습하면 그들처럼 내재된 잠재력을 발산할 수 있다 믿기에 그들이 특별하고 비범한 사람들은 아니라고 생각합니다.

오늘 읽은 신문에 어느 성형외과 의사가 소개되었습니다. 황산테러로 화상 입은 어는 젊은 여자 환자에게 무료피부이식 수술을 해주었고 앞으로 추가수술도 해주겠다고 합니다. 그 이유는 그녀가 그런 힘든 상황에도 불구하고 웃음을 잃지 않는 것에 감동받았고 그런 그녀에게 자신이 위로를 받게 되었다는 것이었습니다.

제가 캐나다에서 연수를 받고 돌아온 후 드라마 시청에 빠져 있던 습관을 바꾸었습니다. 다큐멘터리 위주로 보면서 힘든 상황을 극복하는 사람들의 모습에 집중하며 감동받고 그러면서 진정한 행복의 의미를 그들로 하여금 자연스럽게 배웠습니다.

우리가 안됐다고 생각하는 장애인분들이나 암 환자분들이 행복하다며 심지어 그런 상황이 선물이라 말하면서 비장애인들인 건강한 우리들에게 일깨워주는 가르침에 고개가 숙여집니다. 그들의 가르침인 '그럼에도 불구하고'를 제 소중한 인생에 적용하는 것입니다.

어떤 힘든 상황이 저를 시험할지라도 웃으며 긍정적인 생각에 집중하며 제 스스로가 그 상황에 지배 받지 않도록 노력하는 것입니다. 그리고 그 상황에서도 충분히 행복할 수 있음을 깨닫습니다. 그들이 대단하다며 단지 그들의 이야기로 감동받는 것으로 끝내지 않고 그들의 고마운 본보기를 따라 함으로써 내 안에도 그런 힘이 있음을 경험하는 것입니다. 그것이 그분들에게 받은 감동을 사회에 전하는 길일 것입니다.

6월인데도 때 아닌 폭염이라 합니다. 32드까지 올라갔던 지난 일요일 오후, 집에만 있다가 남편과 함께 시장에 가는 도중 '왜 이리 더워' 같은 말이 자연스럽게 입 밖으로 나왔습니다. 옆에 있던 남편이 아프리카를 언급하며 물도 없는 곳에서 힘들게 생활하는 이들을 상기시켜줍니다. 긍정적인 말을 습관화하여 특히 날씨를 불평하던 때와 비교해 발전한 저였건만 그 순간 예전 습관이 튀어 나온 것에 놀랐습니다. 다시금 있는 그대로의 상황을 받아들이며 '그럼에도 불구하고' 습관을 상기시켜준 남편이 고맙습니다. 그 날 저녁 물을 쓰면서도 아프리카인들을 생각하며 조심스럽게 물의 양을 줄여보고 그들에게 물이 공급되기를 기원해 보았습니다.

잠시나마 편안하고 즐거웠던 마음이 갑자기 기대했던 것과 달리 일이 벌어질 때 사소한 것부터 큰일에 이르기까지 일시에 좋았던 마음이 바뀌면서 그 바뀐 마음을 당연하게 받아들이게 됩니다. 분명한 이유가 있다고 믿기 때문이지요.

지금 이 순간 갑자기 물이 안 나온다고 가정해 보세요. 종전처럼 자연스럽게 짜증나는 불편한 상황에 의식적으로 다르게 반응하는 연습을 해 보세요. 화나 짜증이 나는 상황에서 늘 습관적으로 하던 것을 '그럼에도 불구하고'를 적용시켜 연습하는 것입니다. 여러분 안에 있는 호수처럼 잔잔한 평온을 내보임으로써 자신도 놀랄 달라진 여러분을 경험하게 될 것입니다.

일상에서 여러분들을 괴롭혔다 생각하는 사소한 일에 '그럼에도 불구하고'를 적용해 연습하다 보면 역경 앞에서도 큰 힘을 발휘할 수 있습니다. 물론 닥치면 그렇게 될 거라 생각하실 수 있습니다. 그러나 그때까지 기다리기에 앞서 소중한 매일매일, 같은 상황에서 예외 없이 짜증을 부리고 부정적으로 받아들였던 일들을 '그럼에도 불구하고'를 적용해 연습하며 일상의 행복을 만끽하자고요.

누구나 그렇게 생각하고 행동하게 하는 상황을 일부러 '그럼에도 불구하고' 식의 사고와 행동, 말을 연습하게 되면 똑같았던 세상이 달리 보이고 평온한 자아를 만나게 됩니다. 비범한 사람들의 이야기로 생각됐던 일이 여러분의 이야기로 그것도 남들의 표현으로 듣던 '기적'이라는 단어가 여러분의 사전에 담겨지게 될 것입니다.

테레사 수녀님의 글이라 세상에 알려졌고 저 역시 그렇게 생각해 얼마 전까지 강의에서 소개했던 글이 있습니다. 글을 옮기기 전 인터넷에서 켄트 케이스의 글 일부가 수녀님 덕택에 알려지게 되었음을 알게 되었습니다. 그가 대학교 2학년 때 고등학교 리더들을 위한 소책자에 실었던 글이라 합니다. 수녀님의 삶이 담긴 그 글을 소개합니다.

그럼에도 불구하고 감사한 매일 매일 행복합시다.

그럼에도 불구하고

켄트 케이스

사람들은 때로 믿을 수 없고, 앞뒤가 맞지 않고, 자기중심적이다.

그럼에도 불구하고 그들을 용서하라.

당신이 친절을 베풀면

사람들은 당신에게 숨은 의도가 있다고 비난할 것이다.

그럼에도 불구하고 친절을 베풀라.

당신이 어떤 일에 성공하면

몇 명의 가짜 친구와 몇 명의 진짜 적을 갖게 될 것이다.

그럼에도 불구하고 성공하라.

당신이 정직하고 솔직하면

상처받기 쉬울 것이다.

그럼에도 불구하고 정직하고 솔직하라.

오늘 당신이 하는 좋은 일이

내일이면 잊혀질 것이다.

그럼에도 불구하고 좋은 일을 하라.

가장 위대한 생각을 갖고 있는 가장 위대한 사람일지라도

가장 작은 생각을 가지고 있는 가장 작은 사람들의 총에 쓰러질 수 있다.

그럼에도 불구하고 위대한 생각을 하라.

사람들은 약자에게 동정을 베풀면서도 강자만을 따른다.

그럼에도 불구하고 소수의 약자를 위해 싸우라.

당신이 몇 년을 걸려 세운 것이

하룻밤 사이에 무너질 수도 있다.

그럼에도 불구하고 다시 일으켜 세우라.

당신이 마음의 평화와 행복을 발견하면

사람들은 질투를 느낄 것이다.

그럼에도 불구하고 평화롭고 행복하라.

당신이 가진 최고의 것을 세상과 나누라.

언제나 부족해 보일지라도

그럼에도 불구하고 최고의 것을 세상에 주라.

행복여정 후 즐겁게 종착역에

생의 마지막 순간에 이르러 자기가 걸어온 길을 되돌아볼 때,
가장 가치 있는 질문은 '나는 누군가를 얼마나 사랑했는가?' 이다. - 리처드 바크

어렸을 때 생의 애착이 많다는 이야기를 자주 들었습니다. 죽는 것보다 탄생이 익숙하고 반가운 게 자연스러웠던 저였습니다. 첫 번째 죽음에 대한 생각이 바뀌게 된 계기가 캐나다에서 여러 경험을 통해 변화를 시작할 때였지요.

캐나다 아줌마를 알게 되고 짧은 영어로 그 분과 몇 달간의 행복한 시간을 보내게 되었습니다. 두 아들을 키우며 그 당시 뒤늦게 시작해 마흔두 살에 영문과 졸업을 할 때였습니다. 추운 겨울 감기가 심하게 걸렸는데 나중에 알고 보니 급성 백혈병이란 진단을 받고 2달도 못되어 돌아가게 되었습니다. 그 때 남겨진 청소년이었던 두 아들들을 생각하면서 슬펐지만 죽음을 편안하게 받아들였습니다.

그 뒤 한국에 돌아와 난소를 제거하면서 병실에 함께 있었던 암환자들을 가까이서 지켜보게 되었습니다. 제 상태가 그분들과 비교하면 아무것도 아닌 게 죄송하다는 마음까지 들면서 오히려 죽음 앞에서 삶을 더 긍정

적으로 바라보는 계기가 마련되었습니다.

그런 경험 후 강의를 시작하면서 어르신들을 맡아 해야 하는 상황에서 혹 있게 될 어르신학생들의 죽음을 생각하며 미래에 대한 두려움으로 뒤로 가는 저를 발견하고 다시금 마음을 다잡았던 경험도 있습니다.

어릴 때부터 들었던 이야기 중 하나가 죽는다는 것을 입에 조금이라도 담게 되면 부정 탄다는 것이었습니다. 물론 죽는 것보다 사는 것을 더 이야기해야 하지만 죽음을 생각하고 자연스럽게 받아들인다는 것은 부정적인 생각이라기보다는 긍정적으로 삶을 바라볼 수 있게 하는 것임을 차츰 알게 되었습니다.

나 자신이 평생 살 것 같지만 언젠가 모든 이와 작별을 고해야 함을 알게 되면 당연하게 받아들였던 사랑하는 가족들과 주변의 모든 이들이 다르게 다가옵니다. 그러면서 모두가 시한부 인생임을 인식하며 인생이 달리 보이는 것입니다.

암을 극복하고 제 2의 인생을 살게 된 기쁨에 하고 싶었던 일 중 하나가 영어였음을 깨닫고 제 영어 수업에 오셨던 50대 후반의 학생분이 있었습니다. 인간에게 병은 죽음을 가까이 생각하게 함과 동시에 하루를 소중히 여기며 더 가치 있는 삶을 살게 깨우쳐 주는 선물인 것입니다.

어차피 우리 모두는 떠나야 할 운명을 지닌 사람들입니다. 우리는 아름다운 지구별에 태어나서 많은 것을 경험하고 느끼고 배우며 잘 살다가 지구별을 떠납니다.

불행이 있기에 행복의 중요성을 절감한다 합니다. 불행을 겪어본 사람은 자연스럽게 행복을 갈망합니다. 좌절에 빠진 사람에게 희망이 간절하고 전쟁과 갈등으로 힘들게 살아가는 국민들에게 평화가 그들의 간절한 염원이 되듯이.

지금 현재 혼자만 힘들다 생각하며 다른 생각까지 했다면 그 또한 다른 많은 이들도 그리 생각해 본 일일 수 있습니다. 설령 그 무언가 힘들게 하는 일이 해결될 수 없더라도 여러분의 힘으로 충분히 있는 그대로 상황을 받아들이며 편안한 마음으로 삶을 조건 없이 기쁘게 살 수 있습니다.

학생들 중 첫 죽음의 소식은 어르신 학생 분도 아닌 열한 살 학생이었습니다. 백혈병을 앓고 있다 먼저 그 곳에서 편히 쉬고 있을 학생. 희로애락 모든 감정을 경험하는 것이 감사한 일입니다. 비록 그 당시 그 학생에게 사랑을 온전히 못준데 대한 미안한 마음이 있지만 그 아이의 죽음이 슬픔 너머 죽음을 보는 시각을 넓혀주는 계기를 주었습니다. 더불어 소아암에 걸린 아이들을 생각하게 하고 그에 따른 계획을 갖게 하는 고마운 일이 아닐 수 없습니다.

이제 세상에 막 나온 1년도 채 못된 갓난아이의 소아암을 지켜보는 힘든 상황에서 희망을 꿈꿉니다. 하루하루 아이가 자신의 옆을 떠나지 않고 있음을 확인하는 것이 꿈이라며 무사히 보낸 하루에 대해 감사해하는 젊은 엄마.

어떤 아빠는 소아암에 걸린 아들이 "아빠"라 불러주는 게 소원이었는데 그게 이루어졌습니다. 이제 초등학교에 들어가서 "학교 다녀오겠습니다." 라는 말을 들었으면 좋겠다 소원을 말합니다.

오늘도 우리에게 주어진 이 소중한 하루 잘 보내셨지요. 너 참 애썼다라고 칭찬해주세요. 설령 많이 부족한 자신을 느낀다 할지라도 응원하시고 격려하며 감사하면서 하루를 기쁘게 마감하세요. 고마운 내일 우리는 다시 신나게 하루를 시작할 것입니다.

우리보다 먼저 행복여정을 잘 마치시고 흐뭇하게 우리를 기다리는 간디가 메시지를 전합니다.

"매일 밤 나는 잠을 자러 갈 때 죽는다. 다음 날 일어날 때 다시 태어난다."

해피 천사

하나님은 계신 것 같습니다 할 일이 많으니까

안되 안돼 아직은 아니야 외치는 것 같습니다

네가 그토록 잘 모시는 아흔을 바라보는 노모는 어떻게 하고

네가 오는 게 아니다

넌 할일 많아 모든 이들한테

사랑의 전도 많이 많이 하라고

아멘

긍정을 품어라

'생각을 바꾸면 세상이 바뀐다.' '생각대로 된다'는 말처럼 생각이라는 이 엄청난 선물을 여러분은 어떻게 활용하고 계시나요? 매일같이 습관처럼 하는 우리의 행동, 말, 심지어 느낌마저 생각에서 시작된다는 사실이 놀랍지 않으세요?

그 생각의 힘으로 어떤 이는 힘든 상황임에도 불구하고 그다지 힘들지 않게 받아들입니다. 반면 그 생각이라는 것을 부정적으로 활용하면 같은 상황에도 몹시 버거워합니다.

고등학교를 졸업하고 재수를 했는데도 4번의 대학 전·후기 시험에 모두 떨어져 마지못해 삼수를 준비할 때였습니다. 그렇게 많이 떨어져 실망했다기보다는 공부를 하기 싫은데 삼수까지 하려니 못마땅했던 것입니다.

그런데 한 통의 전화가 걸려 왔습니다. 후기로 시험 본 대학에서 예비자 명단의 위순위도 아니었던 제게 합격을 통보했던 것이지요. 물론 그 앞에 있는 예비자들이 등록을 하지 않았기에 가능했던 합격이었습니다. 공부를 하기 싫어했으니 당연히 그 합격을 감사하게 생각해야 했는데 오히려 그 사건은 제 스스로 대학 4년을 그저 놀고먹는 대학생으로 전락시키는 원인이 되었습니다.

남편 역시 저와 마찬가지로 재수해서 후기에 떨어졌고 후에 합격 통보를 받았다고 합니다. 그것도 저와 같은 대학으로부터. 그런데 그게 감사했답니다. 꼴찌로 들어가던 장학금을 받고 들어가던 어차피 같은 합격이라 생각하며 대학 4년을 보람차고 행복하게 보냈다 말했습니다.

대학 시절엔 전혀 알지 못했다가, 20년이 지나 남편의 회사에 영어강사로 출강하며 강사와 학생으로 만난 우리 두 사람은 영어수업에서 서로 같은 학교 출신이라는 것을 알게 되었습니다. 20년 전 같은 사건에서 한 쪽은 부정적인 생각으로 다른 한 쪽은 긍정적으로 받아들인 후 한 배를 탄 부부가 되었으니 정말 인연인가 봅니다.

제가 그렇듯 부정적인 생각으로 흘려보냈던 그 시절을 들여다보면 나름대로 이유는 있었습니다. 그 당시 부정적인 생각을 하는 것이 어쩌면 당연한 듯 보였고 나름 정당화시켰던 것이지요. 긍정적인 생각을 하는 게 오히려 이상하다는 듯 생각했으니까요.

여러분의 영어에 대한 생각은 어떠세요? 부정적인 생각으로 일관해오며 마지못해 하는 영어, 혹은 남들에게는 긍정적으로 격려했지만 자신에게는 부정적인 시각을 적용시키지는 않았나요? 그렇지 않으면 원래 소질

이 없다는 식으로 단념해 살지는 않으셨나요? 그렇다면 바로 여러분의 무의식에는 '부정'이 떡하니 자리 잡고 있는 것입니다. 단지 습관을 그렇게 만들었기 때문입니다.

여러분이 지금 당장 기분이 안 좋다고 가정한다면 누군가로 인해 혹은 흔히들 말하는 좋은 상황이 일어나 기분 전환이 되기 전에 우리 스스로가 기분 좋아지는 방법은 무엇일까요? 바로 '긍정적인 생각'입니다. 그 방법이 다분히 의도적이라 하더라도 긍정적인 생각을 불러만 온다면 기분이 나아지니 이 얼마나 위대한 우리의 자산입니까.

바로 우리 안에 있는 보배 중의 보배인 긍정의 힘! 암환자들에게도 긍정적인 생각과 웃음은 의술적인 치료 그 이상이라고 직접 경험한 이들이 말하기도 합니다.

지금 당장 여러분의 생각을 긍정으로 몰아가보세요. 그리고 여러분의 인생과 영어를 생각해보세요. 다른 누구도 아닌 여러분 자신이 바로 여러분 생각의 주인이십니다. 어느 누구도 여러분의 생각을 훔쳐갈 수 없으니 여러분의 인생과 영어를 과소평가 하지 마세요. 설령 누군가 그리 평가 한다 해도 그것에 연연해하지 마시고 감사하고 소중한 인생에 긍정의 날개를 달아줘 보세요. 영어는 오래 전부터 여러분을 사랑해왔습니다. 사랑의 윙크를 긍정이와 함께 날려 보세요. 설령 지금 당장은 여러분의 인생이 그다지 훌륭하게 생각되지 않더라도 긍정적인 생각만으로도 똑같던 인생이 달라 보일 것입니다. 어설프게만 생각해 온 영어일지라도 '까짓것 어때' 하며 배짱 두둑하게 차오를 수 있습니다.

그것이 바로 긍정의 힘입니다! 자신에게 이렇게 다짐하며 외쳐보세요. '잠재력 가득한 나는 어떤 상황에서도, 어떤 사람을 상대해도 부정적인 생각을 뒤로하고 긍정적인 생각을 전면 배치할 것임을 선서합니다!'

사촌 동생이 암을 극복하는 과정에서도 긍정적 사고가 위대한 힘을 발휘하는 것을 지켜보며 새삼 긍정적인 생각의 중요성을 목격하고 있습니다. 동생은 암 진단을 받고 항암치료가 진행되는 과정에서 드는 수많은 부정적인 생각을 일부러 긍정적인 생각으로 전면에 배치하며 자신을 곧추세우려 노력했습니다. 그리고 그 모든 과정을 지켜본 저는 그런 동생의 변화에 감동받았습니다. 더불어 시련 속에서 더 크게 빛을 발하는 긍정의 힘을 다시 한 번 확인해 봅니다.

감당하기 힘든 일이 닥쳐서야 어떠한 변화를 모색하기에 앞서 우리의 굳은 의지로 긍정적인 생각을 평상시에 습관화 해보면 어떨까요. 설령 언젠가 더 큰 시련이 올 지라도 우리의 긍정이는 자연스럽게 우리들의 일상에서 적용되며 그 시련조차 즐길 수 있는 힘을 미리 준비해줄 것이 분명합니다.

매일 매일 자신을 들여다보며 혹시라도 부정적인 생각이 활개를 치며 돌아다닌다면 이미 우리 안에서 항시 부름을 기다리는 긍정이를 불러오면 그만인 것입니다. 우리의 잠재력 금고는 돈을 많이 가진 갑부의 보물 1호 비밀금고와는 비교가 안될 만큼 크나큰 자산이고 우리의 인생을 굳건히 받쳐줄 대들보입니다.

 그렇다 해서 그 요인을 탓하지만 말고, 지금 이 순간부터라도 주체적으로 우리의 생각을 통제하는 것입니다. 그것이 우리의 잠재력 금고를 가치 있게 쓰는 방법입니다. 돈을 아무리 많이 벌어 둔 부자라도 나중에 그 돈을 갖고 하늘로 가진 못합니다. 잠재력 금고 또한 이 세상과 작별할 때 비록 못 가지고 간다 해도 그 잠재력에 날개를 달아준다면 부자가 생전에 돈을 좋은 곳에 쓰는 것과 무엇이 다를까요. 사는 동안 원없이 우리의 잠재력을 쓰고 떠납시다. 우리는 잠재력 부자이니까요.

여러분이 매일 사용하는 말은 어떤 것인가요? 요즘 어른, 아이 할 것 없이 많이 사용하는 말 중 하나가 '짜증나', '스트레스 받아'입니다. 여러분은 이런 말들을 감사하고 소중한 하루에 얼마나 많이 사용하고 계신가요? 영어를 바라보는 여러분의 생각은 얼마나 많은 부정의 말로 그리고 다시 부정의 생각으로 강화되어가나요? 생각은 긍정적으로 하면서 쓰는 말은 예전 습관인, 생각 따로 말 따로 상태라면 언젠가는 또 다시 생각이 부정적으로 흐를 확률이 많다고 봅니다.

의식적으로 긍정적인 생각과 더불어 긍정적인 말을 사용함으로써 시너지 효과를 극대화시켜보는 것도 좋을 것입니다. 이런 습관은 대인관계에서도 빛을 발합니다.

우리가 던진 말은 부메랑이 되어 그대로 들어오는 신기한 법칙이 있습니다. 우리가 사랑을 주면 그 사랑이 되돌아오듯 우리 입에서 나간 좋은 말은 좋은 말로, 나쁜 말은 대부분이 나쁜 혹은 더 심한 말이 되어 서로에게 영향을 미치게 되어 있습니다.

사람들에게서 평소 말을 예쁘게 한다는 칭찬을 듣고 있습니다. 예전의 저로서는 감히 상상도 못할 큰 칭찬이지만 그런 칭찬을 듣기 위해서가 아니라 긍정적인 생각을 습관화하며 자연스럽게 긍정적인 말을 쓰다 보니 저 자신뿐 아니라 타인까지도 함께 기분이 좋아짐을 경험합니다. 말로 사람을 죽인다는 표현이 있듯이 남의 속을 후벼 파는 이야기로 여러 사람, 특히 가장 잘 대해줘야 할 언니에게 어릴 적부터 기죽이고 무시하는 말로 일관해왔던 저입니다. 남을 칭찬하기보다 비난하고 잘못된 점을 크게 확대해서 봤습니다. 그런 저의 변화가 불러 온 것은 생각보다 더 큰 영향을 끼쳤습니다.

변화된 습관은 강의를 할 때 학생들의 영어뿐 아니라 저와 학생과의 관계에도 큰 도움이 되었습니다. 그들이 영어를 대하는 태도에서 제 긍정적인 말 한마디가 불러오는 반응은 제게 감동으로 돌아옵니다. 긍정적인 사고와 말로 그들을 대하다 보면 그들이 평가하는 저는 예전 학창시절 그리고 20대 때 긍정적인 말에 습관이 들지 않았던 때의 주변인들 반응과 엄청난 차이가 있음을 느끼게 됩니다. 물론 인간관계가 당연히 좋아짐도 알게 되었습니다. 긍정적인 말을 사용함으로써 누군가를 기쁘게 해준다는 것은 동시에 나를 기쁘게 해주는 일입니다.

긍정적인 생각과 더불어 긍정적인 말로 힘들게만 느껴졌던 영어를 대해 보세요. 누군가 영어를 사용했는데 우리가 생각 없이 던지는 부정적인 말이 그들의 영어에 대한 마음을 굳게 걸어 잠그는 계기가 될 수 있습니다.

말을 긍정적으로 사용하려 노력했으나, 그런 습관이 정착되기까지 학생들에게 사려 깊지 않게 내뱉은 말로 그들의 영어에 대한 열정을 꺾는 일도 있었을 것입니다. 실제 저로 인해 한동안 영어를 등지고, 저로 인해 인생에서 가졌던 자신감마저 하루아침에 바닥으로 떨어졌던 한 성인 학생의 이야기는 'My teachers'에서 소개하고자 합니다.

여러분들의 말을 점검해보세요. 물론 긍정적인 생각 없이 긍정적인 말이 쉽게 나오지 않으므로 생각과 말을 동시에 연습해보세요. 그런 긍정으로 가득 찬 하루가 여러분의 하루를 어떻게 변화시키는지 관찰해 보세요.

저는 문자를 즐겨 보냅니다. 큰돈 들이지 않고도 선물이 될 수 있는 긍정 메시지로 휴대폰을 통해 누군가에게 힘을 주는 것을 즐깁니다. 누군가가 우리가 보낸 문자에서 희망을 읽고 용기를 얻었다면 우리 또한 몇 곱이 되어 돌아온 긍정의 에너지를 받게 됩니다.

치과에 가 순서를 기다리는 동안 휴대폰에 저장해 둔 학생들에게서 온 긍정 문자를 다시금 읽어 보았습니다. 저 역시 그들이 보내준 긍정의 힘

가득한 메시지로 인해 긍정 에너지를 한없이 품고 치과선생님을 만났습니다. 그래서였을까요? 학생들의 긍정 문자 덕택에 제 바로 앞에 치료받은 어느 까다로운 어르신으로 인해 살짝 지쳐 계신 선생님께 긍정의 기를 불어넣어 드렸습니다.

세상이 무너질 듯해도 긍정의 힘은 분명 우리가 희망을 가득 품게 하며 다시 일어서게 할 것입니다. 기분이 한없이 처지며 바닥을 치더라도 우리를 번쩍 일으켜 세워 줄 긍정이가 우리의 부름을 기다리고 있음을 잊지 마세요. 우리들 안에 있는 긍정이를 우리 자신뿐 아니라 세상에 넘쳐나게 하는 일은 바로 우리 자신이 할 수 있습니다.

위대한 생각, 바로 우리가 그 주인!

이상한 주문 하나 해볼까요?

여러분이 늘 하고 계시는 생각을 떠올려 보실래요?

하루에도 무수히 많은 생각을 하는 우리가 그 안에서 울고 웃는 것을 보면 생각이란 별 것 아닌 게 아닌 무언가 대단한 비밀이 숨어 있는 것이라 느껴지지 않으세요?

우리는 행복을 이야기할 때 긍정적인 사고를 말합니다. 긍정적으로 생각한다는 의미가 행복을 뜻한다면 우리가 매일 할 수밖에 없는 생각을 조절하기만 하면 우리 안에 내재된 무한 가능성이 배가 될 것임을 충분히 짐작할 수 있습니다.

그런 생각이 바로 우리의 변화, 행복을 이끌어내는 기초임을 알게 되나니 조건을 부여하며 쫓던 행복과 확연한 차이가 있음에 놀라면서 생각의 위대함에 고마움을 느낍니다.

외적인 조건으로 행복을 생각하면 그 조건을 이룬 후에도 끊임없는 욕심에서 비롯된 불만족으로 인해 일시적이며 종속적인 행복이 언젠가는 증발될 것임을 알게 되었습니다. 그렇지만 생각과 태도를 변화시키면 그런 외적인 것들에 상관없이 있는 자체를 받아들이게 되는 조건 없는 행복을 경험하게 됩니다.

영어를 다시 접하게 되고 영어 사랑에 빠져 있을 때 영어가 저를 행복하게 해주었다 생각했습니다. 그리고 영어에 빠져서 사는 게 너무 즐겁고 감사했습니다. 그러나 시간이 지나면서 사랑하는 영어에 대한 욕심으로 불만족이 싹트기 시작했습니다. 행복이 조금씩 흔들리는 사이 생각의 변화가 찾아왔습니다. 마음의 눈을 뜨면서 그 욕심을 거두게 되었지요. 영어를 조건으로 생각하는 한, 영어를 못하게 되는 상황에서는 행복이 사라지는 것임을 인식하게 된 것입니다.

마치 사랑하는 연인 때문에 행복해하다 그 연인이 변심했을 때 행복이 사라지 듯. 실제로 결혼 전 영어를 연인으로 생각했을 때가 있었습니다. 남자보다 더 낫다 여기며 영어를 지독스럽게 사랑했던 시절. 영어가 먼저 변심하기 전에 반란을 일으켰죠. 제가 먼저 선수를 쳐서 영어에 더 이상 종속되지 않도록 조건부 행복에 종지부를 찍었습니다. 그리고선 제 안에 오래 전부터 같은 자리에서 묵묵히 저를 기다리고 있던 조건 없는 행복을 찾게 되었던 것입니다.

사람들은 자신이 원하는 바를 얻었을 때 행복해진다 믿습니다. 타인이 그런 생각을 우리 안에 넣었을 리 없고 우리 스스로가 그렇게 생각합니다.

그러나 우리의 선택으로 그 원하는 바를 손에 넣었건만 행복은 좀처럼 유지되지 않습니다.

가령, 그렇게 원하는 대학에 들어가게 되면 자신도 부모님도 행복해질 수 있습니다. 그러나 제대로 즐기지도 못하고 바로 취업을 위한 스펙 만들기에 착수합니다. 청년실업이 심화되면서 미래에 대한 불안으로 대학만 가면 행복할 것 같던 게 오히려 불행이 되어 돌아옵니다.

원하는 일은 어떻습니까. 오랜 동안 그 일을 갖기 위해 노력하며 마침내 목적을 달성합니다. 그러나 대인관계에서는 기대했던 것과는 달리 돌아가는 상황에서 행복의 이유로 생각했던 일이 스트레스의 원인으로 추락하기도 합니다.

부부관계 또한 예외는 아닙니다. 부모의 반대까지 무릅쓰고 결혼한 사랑스런 배우자와의 결실이 무조건 행복할 거라 생각했는데 그 안에서 벌어지는 수많은 예측 못하는 상황에서 우리의 생각은 점차 힘을 잃어갑니다.

많은 이들이 건강을 행복의 조건으로 말합니다. 물론 중요한 것입니다. 그러나 세상에는 건강하면서도 행복하지 않는 이들이 참 많습니다. 반면 장애나 건강상의 문제가 있음에도 불구하고 행복한 사람들이 있습니다. 장애인들은 비장애인들이 자신들을 불쌍히 여기는 시각이 장애 자체보다 더 힘들다고 말합니다.

바로 생각의 차이겠지요.

우리가 건강을 행복의 조건으로 믿는 한, 장애인들 혹은 아픈 사람들의 상황은 불행하다고 볼 수 있기 때문입니다. 타인을 그렇게 보듯이 자신이 건강을 잃게 된다면 불행해진다고 미리부터 머리에 그 생각을 입력시켜 놓습니다. 그리고 종종 건강을 잃을지 모를 미래에 대한 두려움과 불안으로 현재 이 순간의 행복을 물리치기도 합니다.

어떤 일이 닥칠지 모르는 이 세상에 살면서 설령 후천적인 장애를 갖게 되거나 혹은 암에 걸리더라도 우리의 행복은 더 큰 빛을 발할 수 있습니다. 바로 우리의 위대한 생각으로 인해.

이 글을 읽고 계신 위대한 생각의 주인 여러분!

지금 현재 문제를 안고 계십니까? 그것이 무엇이든 애물단지처럼 걱정을 주는 문제라 생각지 말고 여러분에게 무언가 일깨우려는 가르침이라 생각해보세요. 이런 생각을 힘든 상황에 적용시키는 연습을 하다보면 단순한 생각 변화만으로도 힘들게만 느꼈던 문제가 우리를 커가게 하는 선물로 생각되는 기적이 만들어집니다.

글을 쓰는 지금 태풍이 북상해 많은 비가 내리고 있습니다. 계속되는 비로 인해 기분이 우울해질 수 있지만 생각을 바꾸면 비가 내림에도 불구하고 감정을 조절할 수 있는 힘이 우리에게 있는 것입니다. 얼마 전까지 내리쬐는 햇볕아래에서 소나기라도 내리기를 간절히 원했던 우리였잖아요. 있는 그대로 받아들이는 생각을 연습한다면 그 날씨는 더 이상 우리를 불편하게 하거나 기분을 어지럽히지 않을 것입니다.

똑같은 상황과 경험은 우리에게 같은 생각을 유도합니다. 늘 습관처럼 화를 내고 스트레스를 받는 것 역시 우리의 생각이 만든 결과인 것입니다. 그렇다면 스트레스와 화마저도 다스릴 수 있는 생각의 힘을 긍정적으로 활용하면서 안 좋은 생각을 부침개 뒤집듯 뒤집으면 되지 않겠습니까?

수많은 생각 중에 어느 쪽에 관심을 더 두고 키우느냐는 우리의 선택입니다. 설령 부정적인 생각이 긍정적인 생각을 밀치고 들어오더라도 우리는 자신의 생각을 온전히 조절할 수 있는 힘 있는 주인이니까요.

여러분의 상황이 힘들게 느껴지십니까? 그렇다면 잠시 생각을 점검해보세요. 여태까지 해온 생각이 그 어려운 상황에 더 방해되는 저해요소는 아니었는지 확인해보세요. 분명 부정적인 생각이 긍정적인 생각을 가로막았을 것입니다. 그로 인해 힘든 상황이 여러분의 부정적인 생각의 지원을 받아 더 힘들게 여러분을 내몰고 있었던 것뿐이니까요.

긍정적인 생각만으로도 힘든 상황이 충분히 개선되지 않았음에도 변해보이는 착시효과를 경험해보세요. 어느 누구도 맘대로 소유할 수 없는 여러분의 소중한 생각을 맘껏 활용하시며. 많은 빌딩과 땅을 소유한들 여러분의 위대한 생각만 못함을 직접 느껴보세요.

위대한 생각의 재탄생!

칭찬은 긍정의 에너지를 순환케 한다

방금 카페에 올린 글을 엄마에게 보여주었습니다. 그리고 잔뜩 기대를 합니다. 분명 칭찬해주시겠지. 웬 자신감? 어김없이 엄마는 제 기대를 저버리지 않고 칭찬으로 쳐진 힘까지 업 업 시켜줍니다.

강의에서 많이 했던 말 중 하나인 '칭찬은 고래도 춤추게 한다'는 어느 책제목처럼 동물뿐만 아니라 식물에게도 유효하다 합니다. 비난의 고수였던 제가 칭찬의 달인으로 거듭나며 칭찬예찬의 대열에 합류합니다.

친정 엄마가 쉰아홉에 시작하셨던 그림. 처음 시작할 때 선생님이 해주신 칭찬으로 큰 힘을 얻고 정말 잘하고 있다는 착각 속에서 성장하였다며 그 칭찬의 효과가 지금도 그림의 열정을 이어가는 원동력이었다고 합니다.

신랑이 들려주는 유머에 웃고 박수치며 칭찬을 하면서 알게 되는 것은 학생들에게서 발견하는 것과 동일합니다. 그 유머가 그리 대단치 않더라도 잘한다 칭찬해주면 칭찬받는 신랑은 즐거워하면서 유머를 즐기게 됩니다. 마치 강의실에서 저의 작은 칭찬에도 좋아하며 영어랑 더 가까워지는 학생들처럼. 회사에서 동료들에게 썰렁하다며 구박을 받는 유머가 제게는 통한다며 즐거워하던 처음 모습이 기억납니다. 그 뒤로 끊임없이 새로운 시도로 신랑의 유머가 정말이지 발전되어갑니다. 저만의 최고 개그맨으로!

어릴 적 기억에 남 웃기는 것을 좋아했는데 웃긴다는 칭찬이 그리 좋아 머리를 짜내며 어떻게든 사람들을 웃게 할 거라 다짐하며 공부보다 유머에 목숨 걸 때가 있었습니다. 그러다 누가 저보다 웃기면 어찌나 그리 질투가 나던지. 저 또한 사람들의 후한 칭찬이 유머뿐 아니라 영어 실력 그리고 일을 발전하게 한 원동력임에 부인할 수 없습니다.

그렇다면 우리가 칭찬을 할 때 받는 대상에게 작은 것에도 후하게 칭찬을 함으로써 힘을 주는 것은 어떨까요? 여러분이 나름 책정한 칭찬의 기준치를 낮춰보라고 제안합니다. 너무 높은 우리의 칭찬 잣대로 칭찬에 인색했을 수도 있을 테니 그 잣대를 관대히 낮추면 여러분의 너그러운 칭찬이 상대방의 잠재력에 힘을 불어 넣게 될 것입니다. 분명 저처럼 여러분 역시 누군가의 관대한 칭찬의 잣대로 효과를 봤던 경험이 기억너머 자리 잡고 있을 것입니다.

엄마가 이 책의 삽화 및 표지 일러스트를 담당하면서 나름대로 생각하신 것을 그려와 보입니다. 아이들이 그림을 막 그리기 시작하거나 글씨를 처음 쓰기 시작해 엄마에게 보일 때 엄마가 후한 칭찬을 해 주듯 저 또한 엄마에게 칭찬을 아끼지 않습니다. 아이디어는 누군가의 칭찬 속에서 뛰쳐나오기도 합니다. 물론 칭찬이 아니라 뼈아픈 지적도 있는데 그 또한 긍정적으로 받아주며 될 때까지 인내로 작업을 해 주신 엄마께 감사합니다.

진심으로 남을 칭찬해 보세요. 그 칭찬으로 즐거워하며 힘을 얻는 타인의 모습에서 여러분 또한 긍정의 에너지를 받게 될 것입니다. 물론 사랑하는 자신에게도 칭찬을 많이 해보세요. 무슨 칭찬을 자신에게 하냐고요? 혹 칭찬 받을 자격이 없다고 생각하시나요? 설령 칭찬을 받지 못한 기억으로 인해서 칭찬 받을 자격이 없다고 생각하지는 마세요. 남이 알아주는 것에 상관없이 자신의 가장 든든한 지지자로서 격려하고 칭찬해보세요. 설령 못한다 느껴지는 영어에도 '그만하면 잘하는거야.' 또한 인생이 버거워 주저앉고 싶을 때에도 '괜찮아 넌 잘하고 있어 힘내!' 라 소중한 자신에게 응원해보세요.

요즘 인터넷에서 비방하는 글로 서로에게 가음의 상처를 남깁니다. 근거 없는 비방의 화살들을 멀리 달나라의 방아 찧는 토끼들에게 다치지 않도록 살짝 날려 보냅시다. 대신 칭찬의 사랑 화살을 우리에게 그리고 완전 다른 사람 같지만 우리와 비슷하며 소중한 타인들에게 마구마구 쏴 주자고요.

이 부족한 사람의 글을 인내로 읽어 주시는 여러분 모두 겸손쟁이!

고맙습니다. 여러분의 겸손을 겸허히 배우겠습니다.

기분 나쁘지 않지요? 어느 책에서 여러분께 이리 힘을 주고 칭찬하나요. 하루도 칭찬 없이 마무리하는 날이 없도록 칭찬의 대가들이여 마구 마구 유쾌하게 칭찬하세요!

나로부터 감동을

2010년 서점에서 아프리카 수단에서 사랑을 나누시는 어느 신부님 책을 발견하고 정작 구매하는 것은 다른 책으로 손이 갔습니다. 그 후 12월 크리스마스 즈음 어느 종합병원에 입원해 있던 사촌동생을 방문하느라 엘리베이터 앞에 서있을 때 중년부인들의 이야기가 저를 사로잡았습니다. 얼마 전 본 다큐멘터리 영화에서 감동받았다는 어떤 신부님의 이야기를 나누고 있는 것입니다. 직감적으로 동일 신부님 일거라 생각했는데 바로 며칠 후 우연히 TV에서 그 신부님의 선종 1주기를 기념하는 다큐멘터리를 보게 되었습니다.

바로 이태석 신부님이십니다. 방송을 본 후 자정이 지났지만 인터넷에서 신부님 기사를 찾아보고 마침 영화가 상영중임을 알게 되었습니다. 남편에게 대략 신부님 이야기를 하고 1월초 극장으로 달려갔습니다. 영화 보는 동안 머리가 지끈거릴 정도로 울고 곧바로 서점에 가서 작년 서점에서 살까 말까 고민했던 그 신부님의 책을 드디어 품게 되었습니다.

감동이라는 표현 그 이상인 신부님의 사랑에서 느낀 것이 나 자신이 먼저 다가가는 이해와 사랑입니다. 신부님께 감동받은 저를 포함한 많은 분들이 신부님처럼 크나큰 사랑을 할 수 없을 지라도 적어도 우리들이 할 수 있는 작은 사랑, 작은 감동을 타인에게 전달할 수 있다 믿습니다.

작년에 강의 준비를 하다 남편에 의해서 알게 된 다이돌핀이라는 호르몬. 우리가 흔히 알고 있는 엔도르핀은 웃음이나 사랑의 감정으로 생성된다면 다이돌핀은 감동을 받을 때 혹 깨달음이 있을 때 생성된다 합니다. 다이돌핀이 엔도르핀에 비해 암세포에 엄청난 효과가 있다는 사실도 놀랍지만 그 호르몬이 우리에게 주는 가르침을 생각해봅니다.

우리는 주는 것보다 받는 것을 생각하고 선호합니다. 존중 받고, 사랑 받고, 대우 받고, 감동 받고. 우리가 그토록 원한다는 것은 남들도 우리와 다름없다는 것이기에 우리가 먼저 그 주는 것으로 습관을 바꿔보면 어떨는지요. 그렇게 암세포에게도 큰 영향을 미치는 엔도르핀이나 다이돌핀을 우리가 누군가에게 주는 입장을 연습하면서 그들에게 그토록 좋은 호르몬 생성을 도우면 얼마나 행복한 나눔일는지.

매일 같은 일상에서 바삐 살아가는 것이 습관처럼 되어 자신을 돌아보지 않고 갈 때 우리는 어느 순간 벽에 부딪칩니다. 그리고 내가 무엇 하나 하는 회의적인 생각에 빠져들 것입니다.

그 하루라는 소중한 날에 우리가 누군가에게 주는 기쁨이나 감동을 연습한다는 것은 바로 우리 스스로에게 부메랑이 되어 더 큰 감동이나 기쁨으로 온다는 것을 경험해봤음 합니다. 이태석 신부님께 받은 큰 감동을 감동 자체로 끝내고 다시 일상에서 밋밋한 삶을 살다 또 다른 이에게 감동을 받고 그러다 보면 언젠가 우리의 감동을 직접 전할 날이 올 것입니다. 그 날을 기다리지 않고 지금 당장 의도적인 습관으로 시작해보는 것은 어떨까요. 그 작은 감동이 누군가의 다이돌핀 생성을 돕고 다시 우리의 다이돌핀 생성으로 돌아올 것입니다.

좀 전에 읽었던 책에서의 감동 이야기는 미국의 디즈니랜드 내 작은 상점에서 일어났던 일입니다. 저자가 어렸을 때 누나랑 그 상점 직원에게 받은 감동을 전해들은 그들 부모님 또한 감동받고 오랜 동안 많은 이들에게 또 다른 감동을 이어가며 감동릴레이가 만들어진 것입니다.

우리 모두는 인생에서 누군가에게 어떤 식으로든 감동 받았을 것입니다. 전혀 예상치 못한 상황에서 우리와 같은 평범한 낯선 이에게 받은 감동으로 우리에게 감동을 이어가게 했던 경험도 있었으리라 생각합니다.

제가 감동의 주체가 되는 삶을 살려 합니다. 강사로서 말을 할 수 밖에 없는 상황이고 또한 앞으로 글을 통해 제가 전하고자 하는 것을 나눌 것입니다. 그러나 그것에 앞서 제 행동이 누군가에게 본보기가 되어 감동 주는 삶을 고 이태석 신부님을 거울삼아 살아가려 합니다. 그렇기에 말과 글의 책임감을 절실히 깨달으며 고마운 오늘도 연습합니다. 제가 부족한 많은 것들을.

평범 속에 비범한 공원 아저씨

할아버지라고 하기엔 어정쩡한 연세

일본에서 75세부터 노인취급 한다는데

이 아저씨 몸 기능이 안 좋으신데

날이면 날마다 제시간에 오고 가는 아저씨

그저 웃으신다

좋은 일도 없건만 그냥 웃는다.

항상 만날 때마다 손을 들어 입을 크게 벌리고

활짝 웃으신다 나도 덩달아 따라 웃는다

몸이 불편하시고 경제적으로 힘든 상황에서

한번이라도 어두운 모습을 보일 법도 한데

아저씨를 보면서 한 수 배운다

아저씨 대단해요!

자신과 타인을 사랑하라

사랑은 나 이외의 사람에 대한 행복을 위해서 발로된다.
인생에는 허다한 모순이 있지만 그것을 해결할 길은 사랑뿐이다. ― 톨스토이

오늘 신문에서 고 김수환 추기경님의 선종 2주기를 맞이해 쓰신 이해인 수녀님의 특별기고가 눈에 들어왔습니다. 자신을 바보라 낮추시며 사랑을 실천하셨던 추기경님! 종교를 갖지 않는 저 같은 사람도 그 분의 큰 사랑 앞에서 숙연해집니다.

사랑이라는 말은 너무 흔한 거라 생각하면서도 가장 소중한 것이라는데 누구나 공감할 것입니다. 행복한 사람들 중 어느 누가 사랑을 품지 않을까요. 요즘 우리 사회에 나눔이 크게 퍼져가는 분위기가 참으로 반갑습니다. '사랑나눔'이라는 말이 바로 '행복나눔'이라 생각하기에 사랑이 더욱 소중하게 느껴집니다.

앞에서 언급한 마음의 평화나 실수를 즐기고 만족하는 행복 연습 제안의 기본은 사랑이 아닐는지요. 누군가에게 기 꺾이고 실수하더라도 자신에게 관대하며 사랑을 품는다면 인생을 너무 심각하게 생각하지 않게 되면서 편안해집니다. 혹 타인에게는 관대하면서도 자신에게는 엄격한 잣

대를 적용해 조그만 실수도 용납 못하며 자신을 힘들게 하시나요? 자신의 최고의 지지자가 되어 사랑의 이름으로 스스로를 안아 보자고요.

이렇듯 관대한 사랑으로 영어를 바라보게 되면 남의 실수도, 그리고 자신의 실수도 웃음으로 편안하게 안을 수 있는 것입니다. 실수를 하니까 우리가 신이 아닌 인간이고, 그 실수가 전해주는 가르침을 긍정적으로 받아들이며 부족한 대로 우리의 영어를 즐길 수 있는 것입니다. 아세요? 영어는 우리를 엄청 사랑한답니다. 이제 영어에게 우리의 사랑이 필요할 때예요.

특강 코스에서 미션으로 이태원으로 나가 외국인과 대화를 하게 합니다. 낯선 외국인과의 만남 속에서 7가지 습관을 연습하며 자칫 영어만을 생각해 두려움이 먼저 앞서는 상황에서도 사람과 사람의 만남임을 일깨워주고자 하는 것입니다. 설령 아무것도 안 되는 영어라 생각될 지라도 우리의 미소와 우리의 친절이 그들에게 사랑을 전해줄 수 있는 것입니다.

단지 영어회화 연습을 위한 만남이 아닌 우리들처럼 행복을 원하는 그들과 영어의 도움을 받아 소통을 하는 것입니다. 그 소통이 남들 눈에 어설퍼 보이면 어떻습니까. 우리 자신을 사랑하고 짧은 만남이지만 그들을 사랑으로 만나는 것입니다. 영어가 대단한 것이 아닌 단지 사람 사이의 다리 역할을 할 뿐임을 아는 순간, 지금껏 울렁증의 대상이었던 영어로부터 자유로워지는 것입니다. 그 상황에서도 사랑이 존재할 수 있음을 깨달으면서 말입니다.

캐나다에서 연수를 하기 전 처음 캐나다로 떠났던 배낭여행에서 수많은 외국인들을 만났습니다. 만남이 있기에 말을 해야 했고, 영어로 말할 수밖에 없는 상황이었던 것이지요. 혼자 하는 여행에서 원하는 것을 얻기 위해는 영어가 잘 안 되더라도 어떻게든 해야만 하는 상황인 것입니다. 캐나다 현지인들과 여러 나라에서 온 사람들 속에서 어설픈 영어인데도 말이 통한다는 것이 신기하면서 분명히 깨달은 한 가지 사실은 그들 또한 나와 소통하기를 원한다는 것입니다.

우리 한국 사람만 세상에 있는 것으로 착각하고 외국인들을 인정하지 않을 때 그들과의 만남은 많은 생각의 변화를 불러왔습니다. 영어가 아닌 인간들의 보편적인 모습을 보게 된 것입니다. 그들이 어설픈 영어를 쓰는 저와의 관계에서 사랑을 느낄 수 있는 반면 같은 언어로 익숙하게 의사소통을 하는 친구 혹은 가족들과의 관계에서 때때로 우리가 그러하듯 사랑의 부재를 경험할 수 있다는 것을 말입니다.

캐나다에서의 경험은 나와 같은 사람들의 탐구였습니다. 국민성이나 문화적인 차이에 앞서 그들도 우리와 다를 게 없는 사람임을 아는 순간 영어는 그 무엇도 아니게 됩니다. 즉 다르게 생긴 그들과의 관계에서 언어를 뛰어넘는 사랑의 위대함을 재차 발견하는 것입니다.

글을 쓰는 이 순간 홀로 떠난 배낭여행과 다시 캐나다에 연수를 갔을 때의 제 모습에서 큰 차이가 있음을 새삼 발견합니다. 여행할 때가 어학연수 시절보다 영어실력에 있어서는 한참을 못 미쳤지만 낯선 땅에서 사랑의 힘을 더 강하고 선명하게 느꼈던 것이지요.

제 영어 실력에 좌절한 후 다시 공부하러 갔을 때 순수한 목적보다 영어를 짧은 시간 내 발전시키려는 마음이 앞섰습니다. 연수기간 동안 저 자신의 영어 실력 향상을 위해 외국친구들을 가려 사귀고 몇 명을 제외한 많은 한국학생들을 일부러 멀리 했습니다. 사랑은 고사하고 그들에게 관심조차 갖지 않았습니다. 말하고 싶으면 영어로 하라고 하며. 그 기간 한국어로 말하는 게 시간 낭비라 생각하며 이기적인 영어 목표 달성만 생각했던 것입니다. 이를 통해 자신을 사랑하는 것은 아주 조금 알게 되었지만 타인을 향한 사랑은 한없이 부족했음을 듯합니다.

제 인생의 중심에 사랑이 자리 잡아가는 것이 감사합니다. 감히 사랑의 중요성을 다른 사람이 아닌 저 자신이 말하그 다니는 게 낯설기도 하지만, 삶 속에서 사랑의 힘을 발견하며 사랑의 위대함에 감동받습니다. 인생을 살아가는 데 있어 가장 중요한 것을 택하라면 주저 없이 사랑이라 말하는 이유가 바로 그것입니다.

가르치는 직업은 제게 크나큰 선물들을 많이 주었습니다. 사랑의 중요성을 더 크게 인식하게 함이 그 중 하나입니다. 아이들뿐 아니라 성인들도 얼마나 사랑을 갈구하는지 알게 된 것입니다. 제 사랑의 유무에 따라 학생들이 달라질 수 있음을 목격하게 되었지요. 사랑의 힘이 실력 위에 있음도 더불어 깨달으면서 '인간은 사랑 없이 존재하지 못한다' 했던 말을 직접 확인했던 훌륭한 현장이었던 것입니다.

그 사랑을 알기 전에는 사람들을 무지 싫어했습니다. 물론 제 자신도 좋아하는 듯하면서 싫어했지요. 얼굴이 싫었고 신체의 일부가 싫었고. 왜 이렇게 태어났는지 원망하기도 하면서 저 자신을 마구 흠잡고 학대하는 시간이었습니다.

있는 그대로의 저를 받아들이기보다 문제점을 꼬투리 잡아 크게 확대하며 저 자신도 모르는 사이에 자기애와는 멀게 살아가던 그 때. 누가 뭐라고 해서가 아닌 제 스스로가 만족스럽지 못해 힘들어하며, 제 자신을 들들 볶으며 못살게 굴었던 시간들. 자기애가 결여되었음을 뒤늦게 알게 된 것입니다.

자신을 제대로 마주 대하고 자신이 누구인가를 알아가는 과정에서 자신을 사랑하게 되고, 문제점을 더 발전적인 방향으로 고쳐나가는 것 같습니다. 현실직시라는 말이 있듯 자신의 모습을 제대로 보는 게 자기애의 첫 단계가 아닐까 생각합니다. 무엇이 문제인지를 들여다보며 문제점을 찾았을 때 자학하지 않고 그런 자신을 끌어안으며 원래의 자신을 찾아 나서는 것입니다. 참모습을 찾아가는 과정 자체가 행복이므로, 과거의 내가 있었기에 현재의 내가 있고, 또한 미래로 전진할 수 있듯 엉성하기만 했던 과거 또한 인생 퍼즐의 중요한 부분으로 인정하면 고맙기 그지없습니다.

부모는 자식이 무슨 짓을 해도 무조건적인 사랑으로 감싸 안습니다. 설령 우리 자신이 어떤 바보 같은 짓을 했다 해도 스스로가 관대하게 포용할 수 있는 무조건적인 사랑이 우리 안에 있습니다. 위로가 필요할 때 그 누군가를 기대하기보다 스스로가 소중한 자신을 귀하게 여기며 격려하고 응원해주자구요.

"괜찮아, 힘내 화이팅!"

다양한 문제로 비쳐지지만 인간관계에 있어 어려움을 말하는 학생들의 고민 상담에서 그 해결책으로 '사랑'을 말합니다. 자신을 사랑하지 않아서 혹은 타인에 대한 사랑이 부족해 일어나는 문제이기에 아무리 힘든 대상이 우리를 어렵게 하더라도 그 사람을 탓하기보다 그 상대를 있는 그대로 받아들이는 연습이 곧 우리 자신을 찾는 과정에서 사랑을 만나는 길일 것입니다.

예전에 몇몇을 제외한 모든 이가 싫었습니다. 이런 사람 참 드물 것입니다. 어느 순간 우리 사회에 왕따라는 말이 사용되기 시작했지요. 어린 아이들뿐만 아닌 직장 내에서까지 그 범위는 생각보다 넓습니다. 질문 좀 던져 볼까요? 여태 사시면서 왕따 경험이 있으세요? 타인을 왕따 시켜 본 적은 없으셨나요? 강의에서 왕따에 대한 토론을 하면서 학생들에게 물어본 질문들입니다. 왕따를 당한 경험도 많지 않았지만 왕따를 시키는 가해자는 더더욱 없었습니다.

사실 저만 거의 모든 이들을 왕따 시키고 살았던 못된 악마였지요. 물론 저의 못된 성격 때문에 사람들이 저를 피했겠지만 적반하장도 유분수지 제가 착한 그들을 왕따 시켰던 것입니다.

20대까지 언니와 여동생의 친구들이 집에 놀러와 저랑 부딪치면 불편해하고 무서워라 했습니다. 그 사실을 알면서도 그런 일이 잘못된 것이라 생각하지 않았던 시절이었지요. 오히려 그렇게 살아가는 것을 제 스스로가 원했던 것 같습니다. 제가 무서운 대상으로 그들에게 비쳐지기를 원했던 희한한 생각이 여전히 카리스마 있어 보인다는 평가의 기원이라는, 타인을 전혀 생각하지 않고 오로지 제가 하고 싶은 대로 제 편할 때로 행동하며 그들을 불편하게 하고자 더 못되게 굴었던 시절의 삐딱한 자화상입니다.

얼마나 많은 이들이 나 때문에 힘들어할지 생각지 않고 그저 제가 싫어하는 이들이 못마땅하고 보기 싫어 올라간 눈을 더 끝없이 비상하도록 했던 저였기에 여러분을 힘들게 하는 이들을 이해합니다. 수업을 하면서 성인 학생 중 예전 제 성격과 비슷한 분들을 만납니다. 저랑 비슷한 성격이면 어릴 때부터 꺼려했건만 모든 학생들을 사랑으로 감싸야 하는 의무를 지닌 제게 그런 까다로운 학생들과의 만남에 이유가 있었던 것이지요.

인간관계에서 부족했던 제게 큰 연습실이 된 강의실에서 만난 모든 학생들은 제게 훌륭한 선생님들이십니다. 그 다양한 선생님들 중 특히 까다로운 선생님들은 최고의 스승들이십니다. 자신의 견해를 당당히 말씀하시고 때론 성격을 들어내시며 저를 테스트하시니까요. 저의 변화를 위해 그런 분들과의 만남이 제게는 당연히 필요했던 것이지요. 처음에는 그런 사실을 모르고서 괴로웠고 피하고자 했던 마음도 있었지만 차츰 그 고마운 비밀을 알게 되었던 것입니다.

분명 예전 제 모습으로는 감히 상상 못하는 기적이 일어나는 그 중심에 오랫동안 망각했던 사랑이 연습되는 훌륭한 연습실이었던 강의실. 저 자신과 타인을 사랑하게 된 곳을 어찌 사랑하고 감사하지 않을 수 있겠습니까?

여러분 자신을 위해 아울러 여러분과 함께 호흡하며 살아가야 하는 사람들을 위해 여러분의 사랑 잠재력을 활짝 열어 보이세요. 원래 사랑 가득했던 여러분이 펼치실 충만한 사랑으로 모두가 더 없이 행복해 질 것입니다.

강의를 통해서 만난 모든 분들한테 황송할 정도로 많이 받았던 사랑의 기억이 새삼 떠오릅니다. 사랑은 저를 일깨웁니다. 제가 받았던 애정이 더 많은 사랑을 흐르게 하라면서 사랑의 중요성을 다시금 깨우쳐 줍니다.

스트레스를 받는 원인이었던 까다로운 이들, 행복할 수 없는 이유라 생각했던 힘든 상황과 가까이 하기에는 너무 먼 당신으로 생각했던 영어를 사랑으로 꼬옥 보듬어 주십시오.

자살이 사회적인 문제로 대두되면서 심각한 뉴스가 종종 보도됩니다. 사회에서 성공한 사람들이나 유명 연예인들이 세상과 이른 작별을 하는 상황은 일반인들에게 더 폭넓은 악영향을 미친다는 비판도 있습니다. 일반인이나 유명인이나 모두 같은 인간입니다. 이들 모두에게 무엇이 잘못되어 가고 있을까요?

우리 자신과 끊임없이 사랑의 대화를 해봅시다. 어떤 힘든 상황 혹은 누군가로 인해서 우리의 소중한 인생을 쉽게 포기하지 않기 위해 모두가 우리 마음의 주인임을 당당히 외쳐야 합니다. 어떤 상황에서건 사람들에게 휘둘리지 않는 우리 생각의 진정한 주인으로서 우리의 단점, 실수, 실패까지도 포용하며 타인과 자신을 너그러이 용서하는 큰사랑이 무엇보다 필요한 것입니다.

누군가의 사랑에 앞서. 내가 만약 외로워지면 누가 날 위로해주지?

바로 나!

어려운 시기와 까다로운 이들에게 배움을

고난을 정신적으로 성장할 수 있는 기회로 본다면 괴로움은 사라질 것이다. - 톨스토이

인생에서 어려운 시기가 없었다면, 그리고 힘들게 느끼게 하는 이들이 없었다면 이렇게 책을 통해 제가 변화된 바를 쓰지 못했을 거라 확신합니다. 더불어 앞으로 제가 살아가는 소중한 삶에서도 귀한 선물 같은 이들이 계속 기회를 주리라 믿습니다. 그대들을 진심으로 환영합니다.

산의 묘미에 빠져 산을 타는 사람들은 등산이 아무리 힘들어도 오르고 또 오릅니다. 험난한 산과 같은 힘겨운 인생의 역경을 맞닥뜨렸을 때 산을 즐기는 이들처럼 긍정적으로 받아들이느냐 혹은 불평불만으로 받아들이느냐에 따라 그 결과가 달라집니다.

어차피 오를 산이라면 힘들더라도 오르다 보면 정상에 올라 성취감도 맛보며 기분 좋게 하산하듯 우리에게 예고 없이 닥쳐오는 시련을 있는 그대로 받아들이며 그 안에서 주는 메시지를 찾는다면 단지 시련으로 끝나지 않고 선물로 생각되는 귀한 경험이 될 것입니다.

작년 봄 어느 도서관에서 특강을 기분 좋게 끝낸 후 동생에게 온 부재중

전화를 확인하고 바로 통화를 했습니다. 도서관 현관문을 떠나기 직전에 동생이 알리는 소식은 아빠의 암 소식. 제 스스로도 놀라울 정도로 담담하게 받아 들였고 그 소식의 이면에 있는 깨달음이 전해졌습니다.

몇 달의 시간이 흐르고 추석 전 백화점 회화반을 정리할 무렵이었는데 수업 후 친한 친구 동생으로부터 전화가 와서 알려진 또 다른 암 소식! 언니를 위로 해달라며 동생이 알리는 친구의 암진단 소식을 전해 듣고 곧바로 전화를 해보니 친구의 밝은 목소리가 전해지며 서로 긍정적인 기를 교감할 수 있었습니다.

바로 그 해 12월, 크리스마스 직전 사촌동생이 암 가능성이 예견되어 12월 31일에 계획보다 길어진 6시간 이상의 대수술이 진행되었습니다. 수술 중간 집도의가 보호자 면담을 요청해 수술이 잠시 중단된 상태에서 사촌 제부와 함께 일반인 출입이 금지된 수술실 바로 앞 상담공간에 처음 가게 됐습니다. 암으로 확정은 되었지만 혹여 수술 결과가 좋지 않을 경우를 대비하여 보호자의 선택을 묻는 다급한 상황에서 희한할 정도로 평온하게 질문을 받아들일 수 있었습니다.

사랑하는 사람들의 암 소식을 10개월 내 3번씩이나 연거푸 접하면서 바뀐 생각과 태도에서 얻은 마음의 평화에 감사했고 더불어 그 암의 주인공들에게 선물과 같은 일이 벌어졌음을 확신했습니다. 그리고 예감대로 아빠를 포함한 그들이 암을 긍정적으로 생각하며 인생의 큰 전환점에서 어느 때보다 행복해졌음을 흐뭇하고 감사하게 지켜봅니다.

얼마 전 강의에서 저의 멘토인 리차드 칼슨의 책에서 발췌한 글 중 '인생은 테스트야, 단지 테스트'라는 구절의 글을 소개했습니다. 20대 후반 학생이 그 말에 동의한다며 자신의 의견을 보탭니다. 예측 불허의 인생에서 만나는 어떠한 상황도 단지 우리의 생각과 태도를 시험하는 것으로 본다면 생각보다 어렵지 않게 인생을 즐길 수 있는 여유가 생길 것입니다. 금방이라도 땅이 무너질 것 같은 심각한 사태로 몰기보다 조금은 가볍게 우리를 커가게 하는 계기로 받아들이며.

인생은 수업이요, 그 인생에서 만나는 모든 이들은 스승이며 그 어떤 상황도 우리가 배워야 할 과목에 지나지 않다고 말합니다. 오히려 공부로 생각해서 인생이 더 재미없어질까요? 선생님이 시험지를 채점하는 학교 수업보다 더 중요하고 가치 있는 교훈을 주며 자신의 양심채점이 이루어지는 인생수업이 여러분을 매혹시킬지도 모릅니다.

학교나 직장 등 인간관계가 형성되는 곳에서 우리를 불편하게 하고 힘들게 하는 이들을 피하는 게 낫다 이야기합니다. 타인을 불편하게 하고 힘들게 했던 장본인으로서 감히 말씀 드리지만 피하기보다는 우리를 성장하게 하는 감사한 스승들로 바라본다면 그들로 인해 스트레스를 받는다는 말은 사라질 것입니다. 물론 쉽지는 않겠지만 우리 스스로가 그은 한계를 넘어보는 도전이 될 것입니다.

그들과의 관계에서 어떤 교훈이 있는지를 찾아가며, 연민으로써 그들이 왜 우리를 힘들게 몰아가는지 사랑을 품고 지켜보면 어떨까요. 분명 그들을 더 이상 까다로운 대상으로서 안 만났으면 하는 악연이 아닌 소중한 인연으로 바뀔 수 있는 기적을 경험하실 겁니다.

강의에서 만나는 까다로운 학생, 그리고 예전 제 습관처럼 그들을 알기도 전 미움이 싹트는 학생들이 있었습니다. 그럴 때 컴퓨터에 기록하는 저만의 수업일지에 그들을 시험이며 숙제라 씁니다. 제가 아주 많이 사랑해야 할 대상으로 정중히 모시는 것입니다 아무도 모르게 그리고 쥐도 새도 모르게! 그리고 시행착오 과정을 기록하며 노력에 노력을 더합니다. 물론 그들은 제가 그렇게 한다는 것을 알지도 못하지만 제 안에서 일어나는 감정을 정화하며 사랑을 연습하는 과정을 겪고 나면 그들을 더 크게 품게 되고 그런 저 자신에게 고마움이 샘솟습니다.

강의실 안에서 그런 연습 덕택에 오히려 까다로운 사람들이 쉬운 대상이 된 것뿐만 아니라 그들을 좋아하게 되었습니다. 쉽게 다룰 수 있는 착한 사람들만 원했던 까다로움의 달인이던 저에게 변화가 온 것입니다. 고마운 그분들 덕택에 생활에서도 까다로운 어르신들을 더 보듬을 수 있는 연민을 품게 되었습니다. 강의실 안팎에서 만난 그들은 한결같이 외로운 사람들임을 발견합니다. 그 이유는 다른 사람들에게도 그들이 쉽게 꺼려지는 까칠한 사람들로 인식되기에 그 만큼 사랑이 부족한 것입니다.

저 또한 완벽한 인간이 아니거늘 상대의 단점을 자연스럽게 받아들이지 못하고 그것을 확대경으로 들여다보면 당연히 실망하게 되고 싫어지는 것입니다. 장점을 보라는 말이 옳음을 재차 확인하며 까다로운 대상의 장점을 확대해 보는 습관을 들이다 보면 적어도 미워할 사람을 줄일 수 있음을 발견하는 것이지요.

힘든 시련을 확대경으로 원래 있는 것보다 더 크고 힘들게 보시지는 않았나요? 그렇다면 현미경으로 들여다보세요. 아주 멀게 느껴지며 어느새 조그맣게 되어 있는 그 역경이 달리 보이면서 우리에게 필요한 교훈을 던져 줄 것입니다.

"그러려니 해."

어른들이 까다로운 사람들 때문에 힘들어하는 우리에게 전하는 이 표현은 있는 그대로를 받아들이라는 의미일 것입니다. 자연의 이치에서 그러하듯 우리의 인생에서도 동일성이 있다고 합니다. 있는 그대로 받아들이는 습관을 사랑 받아 마땅한 모든 사람에게서 그리고 우리에게 벌어지는 모든 상황에 적용하면 어떨까요? 그 연습이 우리의 고마운 인생을 살아가는 동안 더 즐길 수 있도록 큰 도움이 될 수 있음을 함께 상기하며 오늘도 어려운 대상이나 상황이라는 시험을 우리의 생각 변화로 재미나게 받아 보자고요.

분명한 것은 우리를 힘들게 하는 이들은 우리보다 사랑을 더 간절히 원하는 이들이기도 합니다. 많은 이들이 피하려고만 하는 그들에게 우리마저 등을 돌리지 않았음 합니다. 사랑을 마음먹고 주었는데 돌아오지 않는 그들의 사랑 때문에 마음의 문을 쉽게 닫지는 맙시다. 일상에서 쉽게 경험하듯 누군가에게 무언가 주고 돌아올 것을 기대하면 실망이 클 수 있습니다. 조금 손해 보더라도 주는 쪽의 삶이 바로 우리를 편안하게 해 줌을 우리는 알고 있으니까요.

이해와 포용, 자비를 흐르는 강물처럼 끊임없이 흘러가도록 해야 합니다. 한평생 가족을 위해 애쓰셨지만 가부장적인 사회에서 따뜻한 아버지 상을 배우지 못해 사랑 표현에 서툰 가엾은 아버지들에게. 그런 아버지들의 애정표현을 받지 못한 채 자식들 사랑이 너무 넘쳐 상대적으로 그들의 배우자들을 힘들게 할 수 있는 외로운 시어머니, 장모님들에게.

여러분을 힘들게 하는 이들의 까다로운 행동 뒤에 가려진 원인 역시 연민으로 사랑으로 충분히 품어질 수 있으리라 믿습니다. 여러분은 사랑천사이니까요. 그들 덕택에 더 큰 사랑 날개짓으로 훨씬 자유로워진 여러분을 만나실 것입니다.

경청으로 사랑을

최근에 제 인생의 멘터인 『Don't sweat the small stuff!』 한국판 『사소한 것에 목숨 걸지 마라』의 저자 리차드 칼슨의 새로운 책 『What about big stuff?』 한국판 제목 『행복에 목숨 걸지 마라』로 의역된 책에서 다시금 경청의 중요성을 일깨워주고 있습니다. 두 책에서 경청에 대한 말씀을 하셨지만 요즘 더욱 더 그 가르침이 큰 울림을 주며 제게 많은 연습을 하게 합니다.

처음 배낭여행으로 갔던 캐나다에서 저보다 어린 한국 남학생을 유스호스텔에서 만났습니다. 그 친구는 그 당시 영어에 상당한 관심을 갖고 있으면서 그 중 듣기가 가장 중요하다며 저에게까지 그 중요성에 대해 열변을 토하곤 했습니다. 그 친구한테 미안하지만 그 당시 귀에 담지 않았던 이야기였습니다. 영어뿐만 아니라 한국어에서도 듣기는 제 관심사가 아니었기에.

다시 캐나다로 돌아가 연수를 시작했을 때 듣기에 시간을 투자했지만 여전히 말하기에 더 신경을 썼습니다. 짧은 시간 내 최대한 말을 하기 위함이기도 했지만 한국어에서의 습관이 그대로 이어졌던 것입니다. 학창 시절 유독 영어 듣기에 취약했습니다. 지금 생각해보니 이 또한 한국어에서 듣기가 습관화되지 않은 것도 일조했을 수 있겠다 싶네요.

한국에 들어와 하루 종일 거의 3년간 CNN을 틀어놓고 있으면서 듣기에 관심을 보이고 시작했습니다. 그 과정에서 말하기에도 도움이 되는 발음이나 표현을 익혀가는 것과 동시에 듣기의 중요성을 깨달아갔습니다. 물론 이 또한 말하기를 위한 방법론적인 차원에서 듣기의 중요성을 알아가게 된 것입니다. 진정으로 듣기가 필요한 이유를 여전히 몰랐던 것입니다. 영어는 물론 한국어에서도.

영어강사가 되기 전까지 듣기는 제 한국어 사전에도 없는 것으로 그저 말하기에 목숨 걸며 살아왔습니다. 어릴 때 짧은 혀로 학교에서 돌아오면 쉴 새 없이 떠들었고 친구들 사이에서나 가족들 사이에서나 그 어떤 사람이 모이는 곳이면 어디든 제가 말을 주도적으로 이끌지 않으면 화가 치밀 정도였으니. 누군가 말을 할 때 주의 깊게 듣지 않던 습관이 아주 오랫동안 이어졌던 것입니다.

그러던 제게 부족했던 경청이 조금이라도 연습되었던 곳은 바로 영어회화수업이었습니다. 제가 말하는 것보다 학생들에게 말하는 기회를 주다 보니 자연스럽게 경청을 하게 되고 특강에서도 참석자들과 대화식으로 풀어가다 보니 잘 들어주어야 하는 게 제 의무 사항이 되었습니다. 가끔 제가 이야기해야 할 것을 미리 생각하다 상대의 말을 듣는 것을 조금 느슨하게 하는 경우도 있습니다. 대인관계에서도 예전에 비하면 향상되었습니다. 그러나 여전히 말하기에 집중합니다. 조언을 주는 상황에서도 상대의 이야기를 편안하게 풀어날 때까지 인내로 기다려주지 않고 성급하게 말이 앞서는 것을 확인합니다.

상담 공부를 해보지 않았지만 학창시절부터 친구들 고민을 들어주고 조언해주던 습관에서 비롯되어 지금도 학생들의 상담을 기꺼이 해주고 있지만 전문 상담가들에게 비할 수 없는 수준입니다. 특히 온전한 경청이 있고 난 뒤의 조언이 부족한 편입니다.

저를 바꾸는 작업으로 인간관계가 나아졌지만 단 한 사람 그런 연습이 아직도 멀기만 한 이는 바로 친정 엄마입니다. 너무 친하기 때문인지 함부로 대하는 게 있고 여기에 경청이 많이 취약함을 발견할 수 있습니다.

2011년 2월, 3개월만에 언니가 있는 싱가포르에 다녀오신 엄마와 소리가 커지는 일이 있었습니다. 물론 제 잘못이지요. 언니에게 사랑을 듬뿍 받고 오신 엄마에게 잔소리와 기분을 고려치 않은 말로 엄마의 심기를 불편하게 한 후 그것도 모자라 이제는 연습을 통해 제 스스로 다스렸다고 생각하는 것을 다시 하게 되었습니다.

저로 인해 기분이 나빠지신 엄마가 말씀하신 것을 꼬투리 잡아 집요하게 물음으로써 듣기가 아닌 말하기로 일관하며 대화를 악화시켰습니다. 물론 제 마음의 평화는 깨지고 오랜만에 예전 화를 내는 습관을 고쳐가는 중 보였던 뒤통수가 지끈거리는 현상까지 경험하게 되었습니다. 바로 저를 만나는 사랑의 대화가 필요한 시간. 마음을 차분히 가다듬으며 저를 반성했습니다. 그 과정에서 두통은 사라지고 다시 마음의 평화를 얻게 되었지요.

그런 후 가진 엄마와의 대화에서 연민을 품고 온전히 귀를 기울이다보니 엄마의 입장과 심정이 이해되면서 새삼 경청의 위대한 힘을 깨닫는 소중한 경험을 맛보았습니다.

고향에 계신 아빠와 특히 전화상으로 이야기를 할 때 경청이 주는 행복을 느끼게 됩니다. 제 말에 끝까지 귀 기울여 주시고 설령 아빠가 말씀을 시작하려는 순간 제가 성급하게 말을 하게 될 때에도 제게 말할 기회를 주시는 모습에서 감동이 전해져 옵니다. 지금껏 살아오면서 친정 아빠와의 대화가 이토록 편안함을 줄 수 있는가에 감사함을 느끼는 대목 또한 바로 경청으로 인한 것임을 발견합니다.

요즘 다시 일고 읽는 책이 『모리와 함께한 화요일』로 어젯밤 자기 전에 읽었던 대목이 바로 경청부분이었습니다. 희귀병으로 시한부 인생을 살아가던 모리 교수가 죽음을 눈앞에 두고도 사랑 담긴 경청을 이어가는 상황에서 숙연해집니다.

누구와 함께 있어도 어떤 생각도 하지 않고 오로지 바로 앞에서 말하고 있는 대상에게 집중하며 들어주시던 태도, 단지 들어주는 것을 뛰어 넘어 사랑을 전해야 함을 다시금 일깨워줍니다.

어릴 때 그토록 아버지와의 시간을 원했으나 자신의 이야기를 들어주는 아버지의 모습을 경험할 수 없었던 유년시절 이렇게 결심했다 합니다.

"내가 아버지가 되었을 때 내가 원했던 것을 내 자식들에게 해주리라."

아직도 가야 할 길이 멀지만 이제는 말하는 습관보다 듣는 습관에 목숨 걸며 살도록 노력하렵니다. 제가 말하고 싶어 누군가 들어주기를 원하듯 타인도 나와 같거늘 더 많이 사랑을 품고 연민의 정으로 귀를 애용하렵니다. 입은 하나인데 귀가 두 개인 이유를 애써 무시하고 살았던 날들을 이제는 두 개인 귀를 귀하게 여기며 널리 활용할 것입니다. 지난 40년간 인내로 들어준 많은 이들에게 이제 그 인내를 그리고 배려를 배우며 경청으로 편안함을 주는 자로 거듭나려 합니다. 시간이 걸리겠지만 인내로 지켜봐주세요.

이제 10분 후면 엄마는 자원봉사 미술선생님으로서 아이들과 미술로 재미나게 교감할 것입니다. 수업 후 볼이 상기 되어 오실 엄마에게 제 귀를 선물하렵니다. 오늘 있었던 신나는 이야기보따리를 맘 편히 푸시도록.

사랑나눔을 품은 선善잠재력

작은 촛불이 어둠을 밝히듯이 하나의 선행이 험한 세상을 아름답게 만든다. - W. 셰익스피어

요즘 나눔이라는 단어가 우리 사회를 따뜻하게 하고 있습니다. 봉사라는 단어를 가까이 접한 곳은 캐나다에서 연수할 당시였습니다. 영어를 할 목적으로 처음 캐나다인들에게 익숙했던 봉사라는 것을 체험한 후 한국에 와서 가르치는 일을 시작할 때 쉽게 접근하기 위해 택했던 자원봉사. 둘 다 영어를 연습하고자 하는 목적이 있었기에 진정한 자원봉사는 되지 못했습니다.

가수 김장훈 씨가 기부로 세상을 바꾸는 데 큰 일조를 하고 있습니다. 다른 분들의 참여를 유도하기 위해 자신의 선행을 알린다고 하는 말에 제 생각에도 변화가 왔습니다. 말없이 하는 봉사나 기부도 더 없이 좋지만 더 많은 참여를 유도하는 차원에서라도 그런 적극적인 알림도 필요하다 생각합니다. 큰 것 작은 것 가리지 않고 그 어떤 봉사나 기부의 사랑나눔을 지켜보면서 제게도 그런 마음이 자리잡아가는 것이 고맙습니다.

함께 사는 세상에서 서로 손 내밀그 잡아준다는 것은 당연한 일일 것입니다. 사랑을 어떤 식으로든 나누고 실천하는 의무감을 갖고 살아야 한다 생각합니다. 그렇기에 우리의 수입에 상관없이 조금씩이라도 나누는 습관은 먼 훗날을 기약하지 말고 지금 바로 시작해야 할 일이라 생각합니다. 친절이 습관화 되어 우리가 도울 수 있는 다양한 방법을 모색해 돕는 것도 좋을 듯합니다.

몇 년 전 어느 기사에서 20대 여성이 일주에 한 번 대중목욕탕에 가서 어르신 두세 분의 등을 밀어 드린다는 이야기를 듣고 따라 하기로 다짐했습니다. 어릴 때 언니랑 목욕탕에 가서 착한 언니한테 먼저 저의 등을 밀게 한 뒤 언니 등은 혼자 알아서 해결하라며 태연히 욕탕을 빠져나갔던 제가 큰 결심을 한 것이지요.

단 한 분이라도 힘든 어르신 등을 밀어 드리려 동네 목욕탕에 가서 눈에 들어오는 한 어르신을 발견했습니다. 그렇게 매 주 토요일 그 어머니와 만남을 가졌습니다. 가끔 게으른 토요일 아침을 맞이하고 싶을 때도 있었지만 별 것 아닌 봉사가 그 어머니에게 기쁨이 됨을 알았고 저 또한 즐거웠기에 그렇게 몇 해 동안 예전 언니에게 빚을 갚는 봉사를 했습니다. 몇 번 쉴 수밖에 없는 날은 고맙게 엄마가 저 대신 해주시기도 하면서. 지금은 못하고 있지만 그 작은 봉사로 인해 그 어머님과의 인연을 감사하게 이어가고 있습니다.

어느 유명한 토익 강사가 지방의 학생들을 위해 무료로 일주일에 한 번 강의를 하신다는 이야기를 예전 함께했던 학생에게 전해 들으면서 감동받고 언젠가 목욕봉사와 마찬가지로 따라 하기로 결심했었지요. 비록 유명강사는 아니나 제 일을 쉽게 활용하는 것이기에 작년 특강을 만든 후 청년실업자들을 위해 시작하게 되었습니다.

이런 이야기를 책에서 밝히는 이유가 저 역시 누군가의 본보기로 시작했고 제 작은 경험이 다른 누군가에게 쉽게 할 수 있는 것 중 하나가 되지 않을까 생각해 생색내듯 전합니다. 김장훈 씨 말씀처럼 타인의 선행을 보며 저처럼 따라 할 수 있는 것을 경험하며 그저 조용히 하는 것도 좋지만 알릴 수 있으면 알려야겠다는 생각을 하게 되는 것입니다.

앞으로도 다른 분들의 본보기를 보며 사랑나눔 따라쟁이가 될 것입니다. 거의 매일 기사를 볼 때 봉사나 기부란을 봅니다. 다양한 사랑나눔이 그 방법을 몰라서 행동으로 옮기지 못하는 우리에게 힌트가 되니까요. 저역시 그런 분들 도움으로 이나마 조금이라도 참여할 수 있듯이 다른 이들을 위해 제가 할 수 있는 본보기를 마련해야 하는 것이 선배들의 본보기에 대한 보답일 것입니다.

성인 학생들의 다양한 봉사를 보면서 많은 것을 배우기도 했습니다. 노숙자들에게 무료 식사를 제공하고 장애인들이나 독거노인들을 돕기도 하고 보육원 아이들에게 사랑을 전하기도 합니다. 간만에 통화했던 100번 헌혈을 눈앞에 뒀던 사랑천사로 알려진 학생은 103번 헌혈을 했노라고 100번 넘겼는지 묻는 제 질문에 수줍게 답합니다.

이렇듯 제게 사랑나눔의 드넓은 바다를 보여 주는 많은 분들. 몇 달 전 신문에 행정안전부가 국민이 직접 추천하고 선정한 국민추천포상 수상자를 발표한 기사가 눈에 들어왔습니다. 고 이태석 신부님 외에 영구임대아파트에 사시면서 식사비와 난방비를 아끼시고 폐지를 수집하서 1억 원을 어느 장학회에 기부하셨다는 위안부 할머니가 그 수상자중 한 분이십니다.

또 다른 기사에는 뺑소니, 절도, 사기 등의 죄로 법원으로부터 집행유예와 함께 사회봉사명령을 받은 이들이 그 정해진 기간 동안의 강제 봉사 이후 뜻을 모아 봉사 모임을 결성한 소식입니다. 시작은 자신들의 죄로 어쩔수 없이 해야 하는 봉사였지만 자신들의 인생의 전환점을 마련해준 계기였던 것입니다. 도배공, 목수, 전기제품 수리공 등의 일을 하며 일당 받아생계를 유지하는 상황에도 불구하고 자비로 한 달에 한번 독거 어르신들과 시각 장애우들의 집수리를 한다 합니다.

관심을 갖게 되면 주위에 너무도 많은 이들이 기부 혹 봉사로 남과 더불어 사는 사랑 가득한 세상을 만들어 가는 것을 볼 수 있습니다. 모든 인간은 선하게 태어났음을 믿는 한 사람으로서 누군가의 선행을 보면 감동받습니다. 특히 여건이 그리 좋지 않은 상황에 계신 분들의 선행은 더 큰 감동으로 우리를 돌아보게 만듭니다. 그 의미는 우리 안에 선이 있음이라 믿습니다. 바로 선 잠재력 또한 조금씩 펼쳐 보이시며 함께 가는 세상의 기쁨을 만끽해 보시기를 이제 겨우 봉사 걸음마 시작한 사람이 제안해봅니다. 사랑나눔으로 서로를 안는 따뜻한 세상을 위하여 우리 모두 브라보!

참고로 제가 주로 확인하는 봉사·기부의 뉴스를 얻는 곳을 소개합니다.
언론에서 소개된 것을 한 눈에 볼 수 있을 것입니다.

검색 엔진 네이버 초기화면-뉴스-사회 주제별 뉴스 -따뜻한 세상 뉴스

열정의 캐리커쳐 사부님

주말에 비만 오면 가끔 마음이 쓰인다.

일주일 굶으신다고 농담처럼 말씀하신 사부님.

현장에서 돈 벌지 않고 공부만 하고 싶다는

요샛말로 미쳐 미쳐 그림에 미친 사부님!

그 성실과 열정 닮고 싶습니다.

실수를 즐기는 것을 일깨워준 어머니

경험은 실수를 거듭해야만 서서히 알게 된다. – J.A. 푸르드

도서관 수업에서 만난 사랑스런 어머니. 첫날 수업 후 함께 시내에 가서 점심 먹자는 뜻밖의 제안이 부담스럽기도 했지만 진심이 묻어나는 점심 데이트로 인해 어머니를 알게 되는 계기가 되었습니다. 장애가 있으나 누구에게도 기죽지 않고 자신의 삶을 너무도 멋지고 당당히 일궈 가시는 어머니. 그런 어머니에게 제 언행이 큰일을 냈습니다.

어느 날 어머니가 오시지 않아 전화를 했습니다. 수업시간에 제 표정이 어머니의 영어를 비웃는 듯 해 기분이 상하셨노라고 말씀하셨습니다. 이에 죄송하다 사죄했습니다. 그리고 저를 돌아보고 반성하며 학생들을 대하는 제 태도를 점검하는 계기를 마련했습니다. 다시 수업에 나오시게 되었지만 머지않아 집안일로 오랫동안 쉬게 되셨습니다. 한참 뒤 수업에 출석하셨는데 며칠 뒤 다시 안 나오셔서 전화를 해보고 메시지도 보내봤지만 소식이 끊긴 채 1년이 지났습니다.

어느 날 수업 후 도서관 식당에서 어머니를 우연히 만나게 되었고 너무

그리웠던 지라 반갑게 인사를 드렸습니다. 그러나 예상치 못한 어머니의 싸늘한 반응이 돌아왔습니다. 직감적으로 순간 이게 아닌데 하고 느꼈습니다. 다른 학생들과 식사를 하러 왔기에 어머니는 바로 옆 테이블에 앉아 식사하셨지요. 식사가 끝났을 때 어머니가 제게 오시더니 잠깐 보자고 하셨습니다. 아, 때가 왔구나 생각하며 다른 테이블로 자리를 옮겨 어머니가 지난 1년 동안 제게 품은 마음을 전히들을 수 있었습니다.

다시 수업에 나오셨던 어머니에게 같은 날 그것도 두 번이나 자존심을 무너뜨리는 제 언행이 이어졌고, 그 일은 어머니 말씀에 의하면 세상에 태어나 처음으로 겪은 가장 힘든 수모였다고 하셨습니다. 저로 인해 영어를 다시 하고 싶지 않은 마음마저 생겼다가 한편으로 오기로 해보리라 다짐하시며 바로 앞에 있는 다른 도서관 영어수업에 다니셨다고 했습니다. 지난 1년간을 솔직히 말씀해주셨던 어머니를 와락 안아드리며 죄송하다 전하고 다시 한 번 깊은 사죄를 구했습니다.

실수를 즐기라는 것을 학생들에게 전달하려 했지만 그 당시 혹은 그 이후에도 저로 인해 실수를 즐기기는커녕 사려 깊지 못했던 제 반응으로 학생들을 주눅 들게 했던 일들이 있었을 것입니다. 어머니를 통해서 뒤늦게나마 그것을 깨닫게 된 것입니다. 누군가는 소리 없이 제게 받은 상처로 저를 원망하며 살고 있을 수 있으리라. 제 실수를 반성하면서 다시금 실수를 즐기라는 것을 강의실 안팎에서 만날 분들에게 적용해야 함을 상기시켜준 고마운 사건. 물론 제가 했던 그 크나큰 실수 또한 편안히 받아들이며 더 발전된 모습의 밑거름으로 삼은 감사한 일이었습니다.

작년 어머니를 다시 만난 자리에서 실수를 맘껏 즐기시며 재미있게 다녀온 미국 여행담을 전해 들었습니다. 당당히 현지인들과의 만남을 신나게 주도하셨던 이야기에서 원래 실수를 즐기시며 기죽지 않는 영어를 잘하고 계셨던 어머니를 다시금 느낄 수 있었습니다. 말로는 실수를 즐기라 하면서 정작 강의실에서 실수를 가장 잘 즐기셨던 어머니에게 그 자유로움을 가로 막았던 저의 실수. 다시 그 자유로움을 찾으신 어머니께서 제게 다시 한 번 가르침을 주십니다. 나 자신과 타인의 실수를 너그럽고 관대하게 포용하라고.

고맙습니다. 어머니.

늘 예쁜 말 가득한 긍정적인 말을 쓰시는 여왕님이 계셨습니다. 따님이 엄마를 위해 도서관에 있는 제 영어 회화반을 알려주어 오셨다며 늘 환한 미소를 머금고 대해주셨던 아름다우신 분이십니다. 따님들에게 많이 배운다며 그리고 함께 공부하는 다른 분들에게도 배우신다며 아낌없는 칭찬을 하셨던 여왕님이셨습니다.

어느 날은 수업에 오시는 분들께 가급적 커피를 타드리는데 늦게 오셨던 다른 분의 커피는 챙겨드리면서 그만 여왕님의 커피를 깜빡 잊어버렸습니다. 뒤늦게 알고 타 드리려 하는데 심상치 않은 분위기가 연출되면서 예상치 못한 상황이 벌어졌습니다. 갑자기 나가시더니 뒤늦게 들어오시고 점점 표정이 굳어 가시는 여왕님 앞에서 저의 평온을 유지하는 연습이 시작되었지요.

그리 따뜻했던 여왕님의 눈빛이 그렇게 차가워질 수 있음이 놀랍기도 하면서 제 실수로 그렇게 만든 상황이 죄송스러웠습니다. 그러면서 다른 학생들도 있는 수업을 진행 중이라 온전히 여왕님께 신경을 쓰지 못했습니다. 괜찮아지겠지 긍정적으로 생각하며 그렇게 쉬는 시간이 찾아왔습니다. 휴식 후 여왕님 자리를 보게 되고 가방이 없는 것을 발견했습니다. 옆에 앉아 계셨던 배려 깊은 학생 분이 제가 신경 쓰지 않도록 누군가의 전화를 받고 갔노라고 전해주셨습니다. 남은 수업 시간 동안 마음의 평화를 더 연습한 후 수업이 끝나자마자 곧바로 전화를 걸었습니다.

혹시 뭐라고 하시던 전화를 끊으시던 내 잘못이니까 이해하리라 다짐하고 통화를 시도했습니다. 예상과 달리 제 목소리를 듣자마자 죄송하다며 철부지인 본인을 이해해달라며 부끄럽다 말씀하는 게 아닙니까. 바로 그 따뜻하신 여왕님의 음성에 제가 되레 감사하고 감동이 밀려왔습니다.

제 실수가 선행되고 설령 여왕님의 실수가 이어졌다 하더라도 그렇게 자신의 잘못을 본인보다 어린 선생에게 진심을 다해 사과하심에 제가 어찌 감동을 안 받겠습니까? 상대가 누구더라도 사과하는 겸손한 태도의 본보기를 보여주신 것입니다. 그리고 사랑의 중요성을 상기시켜주셨습니다.

왜 그런 모습을 보이셨을까 생각해보니 무언가 잡히는 게 있었습니다. 그 당시 초급에서 중급으로 올라오셨고 적응하는 과정에서 어려움을 겪고 계셨지요. 초급반에 계실 때는 문자도 자주 오가며 칭찬과 격려를 많이 해드렸습니다. 그러나 중급반으로 가신 후 홀로서기를 하게 하려는 제 의도로 인해 사랑을 덜 받게 되었던 것입니다.

첫째 아이가 동생의 탄생으로 사랑을 덜 받게 되면 스트레스가 쌓일 수 있다고 합니다. 어른이라고 다를까요? 사랑하는 부부가 아이의 탄생으로 기쁘지만 아내가 아이에게 사랑을 집중하는 사이 남편은 소외감을 느낀다고 합니다. 시어머니는 그토록 사랑하고 아끼던 아들이 결혼 후 아내와 자식에게 치우쳐 가는 모습에 외로워질 수 있을 것입니다. 지금껏 받던 만큼의 사랑이 돌아오지 않는 상황에서 모든 사람들은 뿔이 날 수 있습니다. 본인들도 유치하다 생각할지라도 마음이 그런 걸 어떻게 하겠습니까.

그렇게 제가 드렸던 사랑이 어느 순간 반으로 줄어서 온다고 느끼셨을 그 아름다운 여왕님의 심정은 어땠을까요? 그 분의 입장을 생각해보니 본인께서는 나이 먹어 유치한 행동을 했다 반성하셨다지만 그보다 더한 행동도 할 수 있는 게 사람이라는 생각이 들었습니다. 중급반에 가신 후 느끼신 여러 가지 힘든 상황에서는 저의 격려와 칭찬이 어느 때보다 그립고 필요하셨을 때였건만 제가 미쳐 헤아려드리지 못했던 것입니다.

아이들과 어른들을 대하면서 사랑을 많이 연습했다 생각했습니다. 그러나 의도적으로 홀로서기를 위해 사랑을 부족하게 표현해 발생되었던 일일지라도 다시금 위대한 사랑의 가르침을 얻게 되었습니다.

여왕님 고맙습니다.

그럼에도 불구하고
행복을 가르쳐준 상아, 현아야!

행복한 사람은 좋은 환경보다는 바람직한 삶의 태도를 가진 사람이다. - H. 다운스

좀 전에 엄마를 만나고 왔다. 물론 아빠 소식도 듣고.

미안하다, 함께 아빠한테 작별 인사 못하고.

엄마를 만나 물어봤다. 너희 이야기를 책에 써도 될지. 엄마 동의가 너희들과 같으리라 보고 엄마와 헤어져 커피숍에 앉아 노트북을 열고 너희에게 바로 글을 쓴다.

너희들과 복지관에서 처음 만난 이후 교실에서 가끔 너희 집 옥상에서 빨래를 널고 계시는 할아버지의 행복한 모습을 흐뭇하게 바라봤지. 그리고 아빠, 엄마와의 만남. 너희들이 아빠가 많이 아프시다는 얘기를 전할 때 그게 정말인가 하는 의구심이 있었다. 왜냐하면 내게 비춰진 너희 가족의 모습은 너무도 행복해 보였기 때문이었어.

좀 전에 만났던 엄마와 처음으로 마주보고 앉아 한 시간 가량 이야기를 나누었다. 거의 14년을 힘든 병마와 싸우시다 2개월 전 돌아가신 아빠. 사랑하는 가족들을 조금은 편안하게 지켜주시려 먼저 천국에 가셨으리라

생각한다.

엄마를 만나러 가면서 아빠 소식은 전혀 예상치 못하고 내 마음속에 너희들을 어떤 식으로든 도와야지 하는 마음을 갖고 갔는데 아빠의 소식에 더 다짐한다. '너희들의 정신적인 다모가 되어 줄게.' 난 천주교 신자는 아니지만 너희들에게 감히 자진해서 대모가 되어주련다. 엄마를 만나기 전 가졌던 생각을 아빠와의 약속으로 믿고 싶다.

아니 너희 가족은 내게 행복 가족의 모습으로 무한감동을 주었다는 사실! 내가 생각하는 '그럼에도 불구하고'의 살아있는 내 주변 인물들로 오늘 이 글의 주인공으로 모시게 되어 모든 가족께 고마운 마음을 전한다.

상아야, 현아야! 조금 일찍 아빠랑 잠시 작별한 것 알지? 힘든 시기를 가족의 사랑과 긍정적인 생각으로 잘 지내왔듯 앞으로도 너희들이 이끌고 갈 세상에서 어떤 시련도 두려워하지 않고 아름다운 인생의 행복 주인공으로 살아가리라 믿는다.

그럼에도 불구하고 힘든 일은 늘 우리를 크게 하는 선물임을 잊지 말고 너희의 무한한 잠재력을 펼쳐 나가리라 믿어. 상아야! 엄마가 네가 영어와 조금 멀어졌다 걱정하시더라. 그러나 분명 그럴 사연이 있을 거라 생각하며 너의 잠재력을 다시금 활짝 펼쳐 갈 거라 확신한다.

예전 복지관에서 착한 너희 두자매가 다른 친구들을 버려하며 나를 도와주던 파티 때가 생각난다. 예쁘게 잘 커가는 너희들에게 고마워하는 엄마와 늘 가족들을 먼저 생각하며 희생을 다다 않으시는 할아버지와 할머니. 그런 모두를 아빠가 자애스런 미소를 머금고 하늘에서 편안하게 하시고 싶었던 일들 하시며 너희 행복 가족을 지켜봐 주시리라 생각한다.

너희들에게 조금 이른 이 슬픔이 주위에 힘들어하는 많은 이들을 더 크게 보듬을 수 있는 힘을 주리라 믿어. 더 많이 사랑하자. 엄마가 헤어지기 전 이 말씀을 하시더라. 죽음 앞에서 생각나는 게 사랑이라고. 사랑을 한없이 주는 아낌없는 나무가 되자꾸나.

아빠의 병에도 불구하고 엄마, 할아버지, 할머니 그리고 너희 예쁜 자매가 긍정적으로 생활하며 행복을 주위에 전하는 것을 가까이서 지켜볼 수 있는 영광을 주어 감사한다. 그리고 사랑이 넘쳐나는 행복 가족의 훌륭한 본보기에 다시 한 번 고마움 전한다.

사랑해 상아 현아야! 오늘도 재미나게 파이팅!

겸손과 배려를 일깨워준 행복 부부

행복과 영어를 함께 이야기하는 강의에서 어느 커플이 눈에 들어왔습니다. 제가 원래 푼수 끼가 있어 첫날 두 분을 뵙고 집에 가서 남편과 이야기를 했지요. 부부 혹 불륜? 제 희한한 공상에 남편이 정신 차리게 도와줍니다. 다음 강의에 수업 전 여자분만 먼저 와 계시기에 왜 혼자 와 계시냐고 여쭈어봤지요.

다른 학생들도 와 있는 상황에서 제 푼수 끼가 발동하여 '두 분이 어떤 사이시지요?' 물어보니 부부라 하십니다. 말을 안 해도 되는데 웃기고자 했던 마음도 있었고 해서 전날의 무례한 동상을 이야기해 드렸습니다. 첫 수업 후 어떤 관계인지 무척 궁금했다며 쿨륜까지도 의심했다 전했는데 기분 나쁠 수 있건만 그 아내는 활짝 웃으시는 것입니다.

그 두 분을 7주 코스에서 단지 네 번 정도밖에 볼 수 없었는데 첫 날 가장 인상적이었던 부분이 부부가 너무도 신나서 웃으시는 모습이었습니다. 특히 남편 분은 제가 짓궂게 결의를 다짐하는 말을 물을 때도 큰 소리로 원하는 긍정의 자세를 여지없이 보여주셨습니다. 때 묻지 않은 아이들의 모습이 묻어나는 두 분은 그렇게 네 번의 만남에서 시종일관 신나 하시며 제게 큰 기를 보내주셨지요. 그리고 두 분이 인도로 가야 했기에 코스를 마무리 못하는 상황이었지만 함께 한 분들에게도 사랑과 이해를 보이셨습니다.

그렇게 강의가 마무리 된 후 함께 참석했던 다른 학생이 그 아내 분이 디지털대학교에서 강의하신다 전했습니다. 남편 분은 정년퇴임 후 명상 관련 글을 쓴다고만 전해 들었고 수업이 진행되면서 뭔가 남 다른 데가 있음을 깨달았습니다. 그런 후 그 남편 분이 궁금했고 혹시나 하며 인터넷 검색창에 이름을 쳐 보았습니다.

군법사로 일하는 동안 사람들 사이에서 포교에 힘쓰며 존경받고 계신 분이었음을 알게 되었습니다. 한 분은 요가교수로 또 다른 한 분은 퇴임하신 군법사로 있으면서도 그리 내색하지 않고 겸손하게 수업에 임하셨는지 놀라웠습니다. 요가와 불교로 정신세계 전문가이신 두 분께서 저를 일부러 속이신 것은 아니지만 아는 체하지 않으시고 이 부족한 사람이 무슨 대단한 것을 가르치는 양 받아들이게 하셨던 것입니다.

제 개똥철학에 보여주신 겸손과 함께 하셨던 다른 분들에게 보여주신 사랑이 말해줍니다. 두 분이 놀라운 본보기가 되기 위해 얼마나 열심히 매진하셨는지를. 겸손한 두 분이 아무것도 아닌 이 사람에게 보여주셨던 본보기에 우쭐댔던 제가 부끄럽지만 그 가르침을

본받으려 합니다. 저 또한 그 겸손과 배려의 가르침을 받들어 모시며 매

진하렵니다.

　감사합니다. 행복부부님

가족의 소중함을 깨달으며 변화를 연습하는 아름다운 청년

자기 아버지에 대해 어떻게 생각하는지를 보면 인간으로서
자기 자신을 어떻게 생각하는지 알 수 있다. - 중용

청년실업자들을 위한 자원봉사로 강의를 시작할 때 별 것 아닌 봉사에 면접을 통해 학생들을 선발했습니다. 첫째 영어를 잘하지 못한다 생각할 것, 둘째 부정적인 생각을 가지고 있어야 할 것. 그 이유가 부정적인 생각으로 더 힘들어하는 그들에게 자신들의 긍정적인 생각을 만나게 함으로써 편안한 취업 준비를 하게 하기 위함이었습니다.

1기 때 면접에서 처음 만난 한 학생의 반응이 일단 놀라웠습니다. 영어 면접을 통해 인생과 영어를 바라보는 시각이 부정적임을 보게 되면서 바로 그 자리에서 합격을 알렸습니다. 갑자기 몇 번을 거의 90도 각도로 감사의 말을 전하며 이야기를 들려줍니다.

몇 년째 임용고시를 준비하는 학생으로서 그 전날도 아침부터 아버지에게 꾸중을 들었다며 자신에게 이 합격이 큰 의미라며 눈물을 글썽거립니다. 너무 인상적이면서도 청년실업자들에게 자원봉사를 잘 시작했다는 생각이 들었습니다.

그랬던 학생이 웬일인지 12주 코스에서 2번 출석 후 소식이 두절되었습니다. 실망스럽긴 했지만 그 친구가 그 정도로 힘들었으리라 생각했습니다. 한동안 연락이 안 되다 6개월이 흐른 뒤 3기에 드디어 얼굴을 보았습니다. 그것도 본인이 제가 쫓아낸다 하더라도, 꼭 만회하겠다며 먼저 사무실에 등록을 했던 것입니다.

그렇게 오뚝이처럼 다시 일어서 3개월 동안 결석 없이 강의실을 찾았습니다. 그것도 변화하는 모습이 역력히 묻어나 저를 감동시키면서.

다시 강의실에 복귀해 변화의 모습을 보여주는 가운데 무언가 문제가 있음을 목격했습니다. 아버지와의 관계에서 오는 방황이 1기 때 잠수를 탔던 이유였지만 그것이 풀리지 않은 상태로 저를 다시 찾게 된 것이었습니다.

어느 날 수업에서 긍정 글을 학생 각자에 맞게 나누어주고 그에 대해 이야기하는 시간이었습니다. 물론 이 학생에게는 아빠를 이해할 수 있게끔 실제로 문제가 있었다가 해결된 어느 부자父子의 이야기가 주어졌습니다. 그 학생을 일단 주시했습니다. 처음 주어진 글을 보는 듯했으나 갑자기 못하겠다며 얼굴 표정이 어두워졌습니다. 다시 권해봤지만 그 종이를 미안해하며 제게 돌려주었습니다.

그랬던 그가 그 코스를 잘 마치고 몇 개월이 지난 2주전 만나서 아버지 이야기를 시작합니다. 자신의 방황의 중심에 아버지가 있었고 그런 아버지를 이해할 수 없어 괴로웠다 말합니다. 그러나 이야기 도중 그 친구의 마음이 움직이기 시작했음을 알아차렸습니다.

얼마 전 급기야 부모님께 독립선언을 하고 아빠의 반대를 뒤로 한 채 엄마의 지원으로 방을 얻게 되었습니다. 아빠를 안 보게 되어 편할 줄 알았던 자신이 더 괴로워지게 되었다 전합니다. 주인 할머니의 자식들이 주말이면 찾아오고 옆에서 들려오는 행복한 가정의 웃음소리가 그 친구의 마음을 열었던 것입니다. 가족의 중요성을 깨닫게 해주면서.

긴 방황 끝에 자신을 사랑하게 되었노라고 말하면서 저를 감동시키더니 이제는 오랜 동안 자신의 방황의 원인을 제공했던 아버지를 탓하던 것을 멈추겠다며 새로운 감동을 주는 것입니다. 대학진학에 있어 자격지심을 가졌던 그는 당신의 기대에 못 미쳤던 자신에게 가혹한 말로 상처 주었던 아버지를 보듬으며 자신의 본래 모습을 그렇게 찾아갑니다.

우리의 부모님도 완벽하지 않기에 충분히 실수할 수 있고 그 실수에 차마 미안하다 표현을 못하는 것은 아닐까요. 부모님들 또한 우리처럼 자식이었을 때 나름대로 부모님과의 갈등으로 아직도 치유되지 않은 상처를 안고 계실지 모릅니다.

가족의 중요성을 인식하고 아버지를 이해하려 노력하는 모습에서 사랑 가득한 미래의 선생님이 생생히 그려집니다. 자신의 방황이 있었기에 힘들어 하는 학생들을 더 크게 안을 미래 사랑선생님을 응원합니다. 고맙습니다.

겸허하게 7가지 습관의 중요성을 상기시켜준 순수님

최근 강의로 알게 된 어느 기관의 담당 선생님께 자신의 기획안이 상사에게 계속 거절당하니 의기소침해지는 것은 물론이고 나날이 그 상사의 기에 눌린다는 하소연을 들었습니다. 힘든 시기를 보내는 그 선생님께 조언을 주며 그래도 사랑으로 그 분을 포용하라며 자신의 힘을 믿으라 격려해주었습니다.

그랬던 제가 얼마 안 되어 한 학생으로부터 큰 시험을 맞게 되었습니다. 행복 & 영어의 응용코스에서 제안하는 미션수행을 위해 야외에 간 날이었습니다.

미션을 수행하기 전 모였던 커피숍에서 예상치 않았던 강한 거부 의사와 함께 그간 수업에서 저로 인해 힘드셨던 부분을 조목조목 지적해주시는 순수님. 프로그램에서 제시했던 7가지 습관을 어느 정도 자신 있게 해왔던 저였지만 바로 겸손을 연습하는 자리였습니다. 평온을 유지하는 습관을 미소와 함께 긍정적으로 생각하며 사랑을 품는 연습에 들어갔습니다.

남에게 비판을 받는다는 게 쉽지는 않지만 작년에 예상치 않았던 큰 비판이 저를 성장케 해 준 사건 이후 생각지 않던 또 다른 비판이었습니다. 약간 흔들리기도 했지만 긍정적으로 그 일을 생각하며 제가 필요한 것을 배울 수 있는 기회를 주심에 감사했습니다. 귀가 후 그 분과 문자를 주고받으며 일이 일단락되었다 생각했지요.

그런데 제 안에서 조금씩 무언가 꿈틀거리며 그 뒤 수업에서 그분과 만남이 두려워지기까지 하는 겁니다. 그러나 예전 천하의 독불장군에 천상천하유아독존이라 불렸던 제가 변화를 갖고 무서움을 느끼는 대상이 등장했다는 사실이 감사한 것임을 깨닫고 웃을 수 있는 여유가 생겨납니다. 그리고 제가 할 수 있는 사랑을 어떤 상황에서도 펼치리라 다짐하며 그분을 대했습니다. 바로 기획 담당하는 선생님께 드렸던 제안을 이제 제 이야기로 증명해 보일 때.

종강 날을 앞두고 해외여행이 이미 잡혀있다 해서 그 전 수업에서 그 분과의 작별을 고했습니다. 제 인생 최고의 책 『사소한 것에 목숨 걸지 마라』를 구입해 맨 앞장에 늘 하듯 짧은 편지를 썼습니다. 조금은 신경 쓰이며 어떻게 반응하실까 염려되었지만 끝까지 사랑을 표현하리라 저 자신에게 다짐하며.

몇 분 안 되는 강의에서 수업을 마치기 전 계획했던 대로 그분께 3개월 과정에 대한 소감을 물으며 제가 그간 힘들게 했던 점에 대해 사과하며 이해를 구했습니다. 그리고 작은 선물이라며 그 책을 전하려 했지요. 갑자기

뜻밖의 선물에 놀란 그 분의 태도가 저를 감동시켰습니다. 칭찬 받는 일이 늘 어색하다 해서 수업 중에 제 취미이기도 한 칭찬을 가급적 자제해야만 했습니다. 그랬던 그 분이 난생처음 받는 책 선물이라며 소녀처럼 너무 활짝 웃으며 좋아하시는 것입니다.

다른 분들의 종강은 다음 주에 있었기에 그 분들을 생각해 감격한 마음을 뒤로 하고 수업을 마쳤습니다. 도두가 강의실을 나가는데 그 분이 갑자기 책상을 정리하시고 계십니다. 너무 감동받았던 지라 안아드릴까 했지만 싫어하실 수 있다는 생각이 들었습니다. 그저 나중에 볼 것을 기약하며 강의실 밖으로 나가신 그분을 향해 미소 지었습니다. 순간 갑자기 안으로 들어오시더니 한번 안아 봐도 되냐고 물으십니다. 무한 감동이 저를 무너뜨립니다.

글을 쓰면서 느끼지만 그간 해왔던 14년간의 연습이 저를 절대 완벽하게 하지 않습니다. 그렇게 바라서도 안 되고요. 그것을 알게 해준 순수님의 고마운 가르침 덕택에 저는 다시 겸손을 배우며 7가지 행복 습관을 연습한 것입니다. 그리고 그 연습은 계속 이어질 것입니다.

고맙습니다. 순수님.

꼬깃꼬깃한 돈에 진하게 배어 있는 폭풍 감동

대가를 바라지 말고 날마다 다른 사람을 위해 무슨 일이든 하라. - A. 슈바이처

회화강사로 있을 때 언젠가 책을 쓰게 된다면 꼭 이분의 이야기를 쓸 것이라고 생각했습니다. 이제 그 이야기를 쓸 수 있는 계기가 마련되고 여러분께 이 감동 사연을 공유할 수 있게 되어 감사합니다.

2003년 노인복지관에서 수업을 할 때, 파킨슨병에 걸리셨는데도 늘 웃으시며 불편한 몸을 이끄시고 오셨던 아버님이 계십니다. 월요일 오전 10시로 기억되는 그 수업은 평균 연령 65세 어르신으로 구성된 고급반이었습니다. 그 당시 3개월 차 햇병아리였던 제가 영어로 수업을 전하는 게 쉽지는 않았지만 제게도 도전이었던 그 수업을 50%이상 영어로 진행할 때였습니다. 어찌나 열정이 대단하신지 일주일에 한 번뿐인 50분 수업이 짧다며 10분이라도 일찍 시작해주면 안 되겠냐는 부탁을 조심스레 하셨는데 오히려 감사드리며 어르신들과의 재미난 만남을 이어갔습니다.

열심히 수업 들으시는 분들께 죄송했지만 박식하신 분들을 충족시키기에는 부족한 소양과 신출내기의 영어실력인지라 1년으로 만족하며 수업을 떠나기로 했습니다. 마지막 수업에서 열 두 분 정도 되시는 어르신들이

228

선물대신 만원씩 걷어서 주시는 돈을 안 받기도 뭐해 좋은 일에 쓰겠다며 받았습니다.

파킨슨병이 있으셨던 아버님께서는 종강 날 참석하지 못하셨습니다. 그 당시 복지관에서도 아이들을 가르쳤는데 그 아버님께서 바로 그 복지관 근처에 사시게 됨을 종강 이후 전화를 드려 알게 되었습니다. 인사를 따로 드리고 싶었지만 복지관 아이들 수업 후 바로 다른 복지관으로 자리를 옮겨 수업을 하러 다닐 때였기에 아쉽게도 만나 뵐 수 없었습니다.

종강 후 2년 정도 지난 어느 날 우연히 그 아버님을 복지관 가는 길에 만나게 되었습니다. 흔들리는 몸을 어렵게 가누시면서 당신의 상의를 더듬거리시더니 이내 반절로 접힌 하얀 편지봉투를 건네주시며 이렇게 말씀하시는 겁니다.

"종강 날 참석해 다른 분들과 함께 드려야 했는데 그러질 못해 미안해서 혹시 우연히라도 복지관 수업 오시다 만나게 되면 드리려 이렇게 들고 다녔습니다." 손을 심하게 떠시며 그것도 약간 경사진 곳에서 만났기에 힘들게 몸을 가누시며 전해주셨던 그 사랑의 봉투. 제 성격상 그냥 괜찮다 말씀 드리고 싶었지만 송구스러울 정도의 사연 있는 그 꼬깃꼬깃한 봉투를 바라보며 순간 눈물을 보일 뻔했습니다.

이미 지나간 수업에서 반 전체가 결정한 선물에 그저 흘려보내도 될 일이건만 저를 언제 만날지드 모를 기대 속에 못 전하신 선물을 건네야 한다는 일념으로 그 큰 사랑을 전하신 것입니다. 온전하게 몸을 지탱하시지 못하는 상황에서 매번 옷을 갈아입으면서도 잊지 않고 봉투를 챙기셨을 아버님. 동네를 거니시며 혹여 저를 만나면 그 2년 동안 바라셨던 임무수행을 하시겠노라 생각하셨을 아버님. 잊을 수 없는 그 엄청난 감동이 위대한 가르침이 되어 찾아왔습니다.

그 받은 감동이 평생 갈 듯 합니다. 글을 쓰는 이 순간 다시금 그 감동이 전해지며 그 당시 아버님 앞에서 참았던 눈물이 흐르며 한 가지 굳은 결심을 하게 됩니다. 그 가르침에 감사하며 감동을 전하는 사람이 되리라.

고맙습니다. 아버님.

에필로그

해피박의 작품 후기

이제 세상 밖으로 나오는 연습입니다. 그림 시작한 지 7년 째

현장에서 열심히 일하는 사람들의 모습이 너무 보기 좋아

그들의 행복한 얼굴을 담았습니다.

잘 그리려고 하는 게 아닙니다. 그저 보이는 대로 그릴 뿐입니다.

인물을 그리는 그 순간만큼은 사랑에 빠집니다.

그들의 눈을 보면서 대화도 하며 진심을 담아 그립니다.

생이 마감하는 날까지 매일 매일 가슴 설레는 그런 사랑을 할랍니다.

여기까지 올 수 있는 원동력을 키어준 큰 힘.

내 인생의 2막을 열어준 딸 앗 실수 매니저님.

감사 감사합니다.

현재 복지관에서 꿈을 먹고 사는 아이들을 가르치고 있습니다.

아이들이 꿈을 펼칠 수 있게 사랑으로 보듬으렵니다.

겸손히 그들에게 배우면서.

겸손을 실천해가는 길이 이 글을 쓰면서도 상기되는 중요한 덕목입니다. 잘나서 누구에게 자랑하기 위해서 쓰는 글이 아닙니다. 단지 제가 바뀌어 가고 있는 이야기를 들려드리려 하나 조금이라도 도움이 되고자 하는 바램으로 출발한 글이 자만함으로 가는 길은 아닐는지 스스로에게 묻습니다.

겸손이 글을 쓰는 동안 가장 많이 연습해온 것이고 가끔 겸손하지 못하고 거만해지는 저를 마주 대할 때 한동안 글을 중단하기도 했습니다. 그리고 평온 또한 중요한 덕목으로 글을 쓰는 데에서도 마음어 평화가 중요함을 다시금 인식하게 됩니다.

누군가에게 글을 쓴다면 부러워하고 제가 글을 잘 써서 쓴다고 생각하는 것을 봤습니다. 그러면 그렇게 말합니다. 꼭 써보시라고. 어떤 일을 할 때도 즐겨야 함을 글을 쓰는 과정에서도 배웁니다. 못하는 것 또한 즐겁게 하는 자세만으로도 힘을 얻게 됨을 이 초보자에게 선물합니다.

거의 마무리가 되어 가고 나름대로 세운 마감 때가 가까워지니 편안한 마음이 뒷걸음치며 마음의 평화가 흔들렸습니다. 너무 느긋이 쓰다가 박차를 가하다 보니 오는 현상이겠지만 그 안에서 교훈을 찾습니다. 어떤 상황에 있어도 자신에게 정신적으로나 육체적으로 조금씩이라도 쉼을 주는 것을 매일 실천해야 함을. 쉼이란 모든 것을 끝내고 취하는 게 아닌 쉼 자체가 일상에서 확보 되어야 함을 새삼 경험한 것입니다.

그것을 말해주듯 예전 문제가 있었던 오른손이 무리가 오면서 저려옵니다. 그 신호 덕분에 고마운 손에게 쉼을 주기 위해 더 쓰고 싶은 마음이 있음에도 그리고 그 에너지가 남아 있음에도 일부러 컴퓨터를 끄게 됩니다.

글을 쓰는 과정에서 제가 연습해 온 것들을 알게 모르게 자랑하듯 보입니다. 그러나 실수를 반복하는 과정에서 또 다른 깨달음이 찾아옵니다. 제 아무리 연습해도 왜 실수하냐 혹 완벽해야 한다 생각하는 것 자체가 오만임을. 14년이 아니라 30년 그 이상을 연습한 후 세상과 인사한다 할지라도 계속 실수와 실패는 친구처럼 같이 가리라고. 그것이 저를 겸손하게 이끄는 원동력임을 이 고마운 글쓰기를 통해 새롭게 배우게 되었습니다. 그 고마운 실수가 없고 완벽이 선물로 온다는 것은 겸손을 실천하지 못함을 깨닫게 되는 것입니다. 그래서 더 실수를 감사하며 즐겨야 함을 스스로에게 상기시킵니다.

바로 오늘 아침에도 엄마에게 실수를 저질렀습니다. 그리고 책이 여러분 손에 쥐어져 있을 때도 어쩌면 더 큰 실수 혹 실패를 했을 수 있을 것입니다. 그러나 그런 저를 보듬고 실수를 즐기거 살아있는 동안 완벽하지 않는 것에 오히려 감사하며 매일 매일 연습하고 또 반성하며 그렇게 행복한 하루를 만들어 갈 것입니다.

여러분에게 글을 쓰는 동안 더 저 자신을 돌아보는 계기도 글 쓰시는 많은 분들이 말씀하신 것처럼 경험하게 됩니다. 여러분 덕택에 얻은 소중한 경험입니다. 고맙습니다.

얼마 전 지하철역 내에서 발견한 긍정의 메시지가 감사하게 마무리를 도와줍니다.

미국의 신학자가 95세 이상 장수 어르신들 50명에게 설문조사를 했습니다. 만약 다시 인생을 산다면 어떻게 살고 싶나 하는 질문에 첫 번째 답변이 자기성찰의 중요성임을 상기시켜줍니다.

"매일 반성하며 사는 것"